Studying Physics in English

영어로 물리학

원서보다 먼저 읽는 영어로 물리학

2013년 8월 30일 초판 1쇄 발행 | 2024년 3월 1일 초판 5쇄 발행

지은이 원서읽기연구소 | 펴낸곳 부키(주) | 펴낸이 박윤우
등록일 2012년 9월 27일 | 등록번호 제312-2012-000045호
주소 서울시 마포구 양화로 125 경남관광빌딩 7층
전화 02) 325-0846 | 팩스 02) 325-0841
홈페이지 www.bookie.co.kr | 이메일 webmaster@bookie.co.kr
제작대행 올인피앤비 bobys1@nate.com
ISBN 978-89-6051-332-7 14740 | 978-89-6051-293-1 (세트)

책값은 뒤표지에 있습니다.
잘못된 책은 구입하신 서점에서 바꿔 드립니다.

원서보다 먼저 읽는
영어로 물리학

원서읽기연구소 지음

읻다새

Studying Physics
in English

머리말

1 Introduction for the Learners

왜 원서 읽기에 실패를 거듭하는가?

흔히들 영어 원서 읽기를 '로망'으로 생각하곤 합니다. 하지만 대학에서 전공 공부에 충실하겠다고 결심한 이들이나 필요에 의해, 혹은 취미로 특정 분야의 지식을 혼자 공부하려고 하는 이들에게 해당 분야의 영어 원서 읽기란 '로망'이 아니라 반드시 갖춰야 할 '필요조건'이자 '소양'입니다.

그럼에도 영어 원서 읽기가 '로망'으로 치부되는 데에는 그만한 이유가 있습니다. 사실 상당수 대학에서는 수업 중에 영어 원서 교재가 사용됩니다. 심지어 일부에서는 아예 '원서 강독' 같은 과목을 개설하여 영어 원서 읽기를 독려합니다. 하지만 실제로 영어 원서를 끝까지 읽는 데 성공하는 경우는 열에 하나가 되지 않는 것이 현실입니다. 그러니 영어 원서 읽기가 '로망'이 될 수밖에요.

왜 이렇게 많은 사람들이 영어 원서 읽기에 실패하는 걸까요? 기초가 부족해서 그런 걸까요? 그렇다면 수능 영어 성적을 1등급으로 받은 학생들이 영어 원서 읽기에 실패하는 이유는 어떻게 해석해야 할까요? 사실 영어 원서를 읽는 데 실패하는 이유는 따로 있습니다.

첫째, 기초 용어에 대한 지식이 너무나 부족하다.

물리학을 예로 들어보겠습니다. 여러분은 이미 만유인력의 법칙도 알고 일반상대성이론도 알고 전자기장도 알고, 도체, 부도체, 그리고 초전도체도 알고 있습니다. 하지만 **law of universal gravitation, general theory of relativity, electromagnetic field, conductor, nonconductor,** superconductor가 그에 해당하는 단어라는 것도 알고 있나요? 이렇게 기초 용어에 대한 지식이 부족하면 원서 읽기는커녕 사전에서 단어 찾기에 급급하게 됩니다. 그러다 보면 단어를 찾다 지쳐 영어 원서를 고이 모셔두게 되고요.

둘째, 표현이나 설명 방식이 낯설 때가 많다.

물리학을 예로 들어보겠습니다. 여러분은 초전도 현상이 무엇인지 이미 알고 있습니다. 하지만 초전도 현상에 대한 설명이 "The phenomenon of almost perfect conductivity shown by certain substances at temperatures approaching absolute zero."라고 나오면 곤혹스러워집니다. 왜냐하면 이 설명을 '절대영도에 접근하는 온도에서 특정 물질이 거의 완벽한 전도성을 보이는 현상'이라고 우리말로 번역해도 내용을 단번에 파악하기 쉽지 않은데, 영어로 접하면 더욱 어렵게 느껴지기 때문입니다.

셋째, 모르는 내용을 접해야 하는 경우도 많다.

물론 우리말로 쓰인 책이라면 별 문제가 없습니다. 무슨 말이지, 잘 모르겠는데… 하면서도 차근차근 반복해서 읽다보면 어느 순간, 어느 정도 감이 오게 마련이니까요. 하지만 영어 원서의 내용은 파악하기가 쉽지 않습니다. 왜냐하면 내용을 잘 파악하지 못하는 이유가 단어를 몰라서 그러는 건지, 표현이나 설명 방식이 낯설어 그러는 건지, 내용 자체를 충분히 알지 못하는 건지 제대로 파악할 수 없기 때문이죠. 사실 이 문제는 기초 용어를 어느 정도 마스터하고, 영어식 표현이나 설명 방식에 익숙해지면 충분히 해결할 수 있습니다. 우리말로 쓰인 책을 읽을 때처럼 모르는 부분은 우선 넘어가고 계속해서 차근히 읽어나가면서 파악하면 되니까요.

왜 원서 읽기에 도전해야 하는가?

이야기가 이쯤 되면 "그러면 나는 번역서를 읽으면 되겠군." 하고 생각하는 경우가 많습니다. 그렇지만 유감스럽게도 소설이나 논픽션이 아닌 이상, 번역서를 읽는 것이 영어 원서 읽는 것 못지않게 어려운 경우가 많습니다.

이것은 오역이나 표현상의 한계로 생기는 문제가 아닌 구조적인 문제입니다. 우선 학술서나 전문서에 쓰이는 우리말은 그 자체가 어렵습니다. 예를 들어 철학에서 사용되는 오성(悟性)이라는 용어는 흔히 논리적으로 설명이 어려운 정신적 깨달음으로 사유하는 능력을 뜻하는데, 영어에서는 understanding이라고 하고, sensibility(감성) 또는 perception(지각)과 대립하는 개념으로 사용됩니다. 어떤가요? 오성보다 understanding이 훨씬 더 쉽게 다가오지 않나요?

게다가 아무리 번역을 잘해도 원서의 의미를 100% 정확하게 전달할 수 없습니다. 학술서나 전문서를 제대로 번역하려면 해당 분야에 대한 풍부한 지식은 물론 우리말 표현에도 능숙해야 하는데, 이 모두를 다 갖추는 것이 현실적으로 불가능하기 때문입니다. 해당 분야에 대한 지식이 풍부한 사람은 우리말로 전달하는 솜씨가 상대적으로 떨어지기 쉽고, 우리말로 전달하는 솜씨가 뛰어난 사람은 상대적으로 해당 분야에 대한 지식이 충분하기 어렵기 때문입니다.

여기저기에서 "원서로 공부하는 게 더 쉬워!" 하는 소리가 나오는 것도 바로 이런 이유에서입니다. 하지만 번역서를 가지고 공부할 때 생길 수 있는 심각한 문제는 따로 있습니다.

첫째, 번역량 자체가 턱없이 부족하다!

우선 수많은 영어 원서들이 제때에 모두 번역되어 소개되지 않습니다. 국내에서 우리가 접할 수 있는 번역서는 그 양이 절대적으로 부족합니다. 현재 우리나라에서 매년 출간되는 약 4만 종(2102년 통계)의 도서 가운데 번역서는 약 25%를 차지하여 1만 종 정도가 출간된다고 합니다. 이는 전 세계에서 1년에 발행되는 도서 약 100만 종 가운데 국내에는 약 1% 정도만이 소개되고 있다는 의미입니다. 하루가 다르게 변화하고 발전하는 세계의 많은 지식과 정보, 그 가운데서도 책으로 엮어진 것의 1%만을 우리말로 읽을 수 있다는 의미입니다. 결국 세계의 앞선 지식을 모국어로 습득하기에는 번역량 자체가 턱없이 부족한 것이지요.

둘째, 논문은 번역 자체가 안 된다!

문제는 번역서의 종수만이 아닙니다. 인터넷의 경우, 정보의 70%가 영어로 되어 있습니다. 그뿐인가요. 과학기술논문 인용색인(SCI) 등재 저널 수의 75%, 사회과학논문 인용색인(SSCI) 등재 저널 수의 85%가 영어권 저널입니다. 이렇듯 수많은 학문적 이론이나 지식, 정보가 영어 논문의 형태로 작성되어 쏟아져나오고 있지만 이 논문들이 번역될 가능성은 거의 없습니다. 결국 영어 원서 읽기가 안 되면 이 많은 논문들은 그야말로 그림의 떡이 되는 거죠.

2 How to Use This Book

이 책은 물리학을 공부하는 학생들이 물리학 관련 영어 원서 읽기에 보다 수월하게 적응할 수 있도록 돕는 것을 목표로 하고 있습니다.

기초 용어 확인은 **basic concept**

본격적인 원서 읽기에 나서기 전에 해당 단원의 주제와 관련된 기초 용어들을 최대한 빨리 확인하고 습득할 수 있도록 영한 혼용 방식으로 구성한 코너입니다. 이 코너를 통해 여러분이 알고 있는 자연과학 관련 기초 용어들의 영어 표현을 확인할 수 있으니 가급적 사전을 찾지 말고 한번에 쭉 읽으면서 영어와 한글을 동시에 여러분의 머릿속에 입력해 보세요. 여기에 나오는 기초 용어는 이 단원에서 최소 3번 이상 반복해서 만나게 되니 굳이 따로 단어를 여러 번 쓰면서 일부러 외우지 않아도 자연스럽게 익히게 됩니다.

원서 읽기 도전은 **reading physics**

영한 대역 방식으로 원서 읽기를 훈련하는 코너로, 우리가 알고 있던 자연과학 지식이 영어로 어떻게 표현되는지 구체적으로 확인할 수 있습니다. 여기에 수록된 제시문의 내용은 대부분 여러분이 이미 공부했거나 각종 매체들을 통해 한 번쯤은 접했던 것들입니다. 그렇기 때문에 비록 전문 용어가 많고, 문장이 까다로워 보여도 차근차근 읽다보면 충분히 이해할 수 있고, 횟수를 거듭하며 읽다보면 읽는 속도가 빨라지면서 재미가 붙을 것입니다.

우리말 대역 부분에는 주요 기초 용어는 물론 까다로운 단어와 숙어, 구문까지 한글 옆에 병기해 원서 읽기에 실질적인 도움을 줄 수 있도록 했습니다. 이 부분 역시 본문을 쭉 읽어나가는 것만으로도 학습이 되도록 구성했지만,

영어 실력이 부족하다고 느끼면 우리말 대역 부분을 먼저 보고 영어 부분을 읽어도 괜찮습니다. 다만 이후로는 반드시 영어 부분을 먼저 읽되, 최종적으로는 우리말 해석에 의존하지 않고 영어 부분을 읽을 수 있기를 바랍니다.

영어 문제 훈련은 problem solving

영어로 문제를 풀어보는 코너로, 시험에서 영어로 된 문제가 나왔을 때 당황하지 않도록 하기 위해 만들어졌습니다. 이 코너를 통해 물리학 분야의 시험 문제가 영어로는 어떻게 출제되는지 경험할 수 있습니다.

복습에 추가 지식까지 rest in physics

주제와 관련된 흥미로운 인물이나 사건의 에피소드를 읽으며 앞서 배운 내용을 복습하는 코너입니다. 주요 용어나 개념을 재미있게 복습하면서 이미 알고 있던 지식과 에피소드를 연결하여 배운 내용을 잊지 않도록 하는 동시에 다양한 상식을 배울 수 있도록 구성했습니다.

머리말 5

1 Time, Space, and Motion 시간, 공간, 그리고 운동 13

2 Newton's Laws of Motion 뉴턴의 운동법칙 37

3 Mechanical Energy 역학적 에너지 57

4 Newton's Law of Universal Gravitation 뉴턴의 만유인력의 법칙 77

5 Special Theory of Relativity 특수상대성이론 95

6 General Theory of Relativity 일반상대성이론 115

7 Cosmology and the Big Bang Theory 우주론과 빅뱅이론 137

8 Matter and Electromagnetic Field 물질과 전자기장 155

9 Magnets and Magnetic Field 자석과 자기장 173

10 Conductors and Nonconductors 도체와 부도체 191

11 Semiconductors 반도체 209

12 New Materials 신소재 227

물리 용어 색인 246

1

Time, Space, and Motion
시간, 공간, 그리고 운동

Henceforth space by itself and time by itself, are doomed to fade away into mere shadows, and only a kind of union of the two will preserve an independent reality.

— Hermann Minkowski

이제부터 공간 따로 시간 따로라는 개념은 그림자 속으로 사라질 것이며, 단지 그 둘의 조합만이 독립적인 실체를 보존할 것이다.

— 헤르만 민코프스키

basic concept

시간, 공간, 운동의 의미
Meaning of Time, Space, and Motion

Time(시간)이라는 개념은 length(길이) 및 mass(질량)와 함께 physical unit(물리 단위)을 구성하는 basic unit(기본 단위)이다. Time은 second(초)와 minute(분), 그리고 hour(시간)를 이용해 physical quantity(물리량)를 나타낸다. Classical physics(고전물리학)에서 time이란 three-dimensional space(3차원 공간)에서 일어나는 physical phenomenon(물리적 현상)을 설명하기 위해 도입한 parameter(매개변수)이다. Physical principle(물리법칙)에 의해 입증되는 natural phenomenon(자연현상)이 존재할 경우, 그 phenomenon(현상)이 반복되는 주기를 가지고 physical time(물리적 시간)을 정한다. 예를 들어, 지구의 rotation(자전)이 physical phenomenon이라면 mean solar time(평균태양시)의 second와 second 사이의 간격이 physical time이 된다.

1884년 미국 워싱턴에서 열린 International Meridian Conference(국제자오선회의)는 영국 런던에 있는 Royal Observatory, Greenwich(그리니치 천문대)를 지나는 meridian(자오선)을 prime meridian(본초자오선)으로 정하고 그곳을 longitude(경도)의 원점으로 삼았는데, 이를 Greenwich Mean Time(그리니치 표준시), 즉 GMT라고 한다. GMT는 지구의 rotation을 기준으로 longitude가 동쪽으로 15도 이동하면 1시간이 빨라지고, 서쪽으로 15도 이동하면 1시간이 느려지는데, tide(조수) 등의 영향으로 지구의 rotational speed(자전 속도)가 조금씩 달라지기 때문에 시간이 조금씩 부정확해지는 단점이 드러났다. 그러다 molecule(분자)이나 atom(원자)이 흡수하거나 방출하는 에너지의 진동에 대한 연구가 이루어졌으며, 그 결과 caesium-133 atom(세슘-133 원자)의 진동을 이용한 cesium atomic clock(세슘원자시계)가 개발되었다. 그래서 1967년 General Conference on Weights and Measures(국제도량형총회)는 atomic clock(원자시계)을 이용해 시간을 재기로 했으며, 1972년부터 Coordinated Universal Time(협정세계시)으로 이름을 바꿔 사용하고 있다.

그리니치 천문대 위에 설치된 time ball은 GMT 1시가 되면 아래로 떨어져 시간을 알린다

한편 psychological time(심리적 시간)과 physiological time(생리적 시간)은 보편적인 physical time과 달리 개인의 physiological condition(생리 조건)이나 experience(경험)의 quality(질)와 quantity(양)에 좌우되는 주관적인 time이다. 예를 들어, 같은 length의 physical time일지라도 아동기의 생리적 변화는 성년이나 노년기보다 정도가 심하다. 또 성년기를 지나면 세월이 빠르게 흐르는 것처럼 느껴지고, 뇌리에 깊이 남는 강렬한 경험을 할 때면 time이 길게 느껴진다.

Time에 대한 과학적 concept(개념)은 일찍이 Isaac Newton(아이작 뉴턴)으로 거슬러 올라가는데, Newton은 별의 움직임으로 측정되는 relative time(상대적 시간)과 달리 absolute time(절대적 시간)은 인지할 수 없는 시간이며 mathematical method(수학적 방법)에 의해서만 이해할 수 있는 것으로 보았다. 그의 이러한 관점은 독일의 철학자인 Immanuel Kant(임마누엘 칸트)의 사상에 영향을 미쳤는데, Kant는 space와 time이 미지 세계의 일부가 아니라 phenomenological fact(현상학적 사실)라고 주장했다.

Time과 현대 physical theory(물리 이론)의 완전한 통합은 20세기 초반 Albert Einstein(알버트 아인슈타인)과 Hermann Minkowski(헤르만 민코프스키)의 독창적인 연구로 인해 중요한 문제로 부각되었다. Einstein은 special theory of relativity(특수상대성이론)에서 space와 time은 speed of light(광속)에 가깝게 움직이는 object(물체)에 대해서 직관과 다르게 작용한다고 했다. 움직이는 object의 length는 direction of movement(운동의 방향)로 줄어들고, 움직이는 시계는 정지된 시계보다 더 느리게 가는 것으로 관찰된다.

Physics에서 space(공간)는 matter(물질)가 존재하고 여러 가시 phenomenon이 일어나는 영역이다. Classical physics에서 space는 coordinate axis(좌표축), 즉 x-axis(가로축), y-axis(세로축), 그리고 z-axis(높이축) 등 3개의 axis에 의해 결정되는 Euclidean space(유클리드공간)이다. 그러나 modern physics(현대물리학)에서는 space와 time을 독립적으로 보지 않고 four-dimensional(4차원의) space-time(시공간)으로 본다.

최근에는 gravity(중력)와 electromagnetic force(전자기력)가 통합된 unified field theory(통일장이론) 연구에 각종 space 이론을 도입하고 있다. Unified field theory는 모든 field(장場)에 존재하는 particle(입자) 사이에 작용하는 force(힘), 즉 gravitational force(중력), electromagnetic force(전자기력), strong nuclear force(강한 핵력, 강력), weak nuclear force(약한 핵력, 약력)의 형태와 상호작용을 하나의 관점에서 기술하려는 시도이다. 이것은 일찍이 Newton으로부터 시작되었는데, Newton은 solar system(태양계)의 운동과 지상에 있는 object의 운동을 하나의 통합된 관점에서 설명하기 위해 Newton's law of universal gravitation(뉴턴의 만유인력의 법칙)을 만들었다. 그리고 20세기에 들어와서는 Albert Einstein이 Newton theory의 principle of equivalence(등가원리)를 바탕으로 general theory of relativity(일반상대성이론)에서 gravitation(중력)을 geometry(기하학)로 설명해 냈다. 이후 Einstein을 포함한 많은 과학자들은 electromagnetic force와 gravity를 포괄하는 unified field theory를 연구했다.

20세기 중반에는 gravity와 electromagnetic force 외에도 elementary particle(소립자)과 아주 작은 particle에서 작용하는 weak force와 strong force가 발견되었고, 그리하여 gravity를 빼고 strong force, weak force, electromagnetic force를 하나로 묶는 grand unification theory(대통일이론)의 수학적 설명이 가능하게 되었다. 이를 gauge theory(게이지이론)라고 하는데, gauge theory에서는 electric charge(전하)를 띤 particle들이 일정 거리 이하로 가까워지면 strong force, weak force, electromagnetic force가 하나의 force로 기술된다.

Motion(운동)은 일반적으로 time이 경과하면서 object가 space에서 자신의 position(위치)을 바꾸는 것을 의미한다. Motion의 종류에는 translation(병진운동), curvilinear motion(곡선운동), rotary motion(회전운동), periodically(주기적으로) position이 변동하는 periodic motion(주기운동) 등이 있는데, velocity(속력), acceleration(가속도), displacement(변위), time 등으로 표현된다. 그런데 motion은 일정한 datum point(기준점)에 대한 position의 change를 가리키므로 정지해 있다고 볼 수 있는 어떤 standard(기준)가 있어야 한다. 예를 들어, 달리는 차 안에 가만히 앉아 있는 사람도 지면에 대해서는 움직이고 있기 때문에 motion의 상태는 datum point에 따라 달라지는 것이다. 이것을 motion의 relativity(상대성)라 하고, 각 motion의 상태를 알아보기 쉽게 표시한 coordinate system(좌표계)을 motion의 datum system(기준계)이라 한다.

Motion을 지배하는 natural law(자연법칙)는 수없이 많지만 무엇보다 basis(기초)가 되는 것은 Newton's laws of motion(뉴턴의 운동법칙)이다. 이 법칙에 따르면 object는 어떤 force(힘)가 가해져야만 motion을 하고, 그 momentum(운동량)은 object의 mass 및 velocity와 관계가 있으며, total momentum(총 운동량)은 변하지 않는다.

reading physics

시간

시간은 많은 관점에서 정의될 수 있다. 물리적인 시간은 시계로 측정하는 공식적인 시간을 말한다. 1시간에는 일정 수의 분이 있고, 하루는 24시간으로 이루어져 있으며 1년에는 많은 (a number of) 날들이 있다.

시간은 운동과 힘 모두를 포함하고 있다. 시간은 공간의 팽창으로 인한 운동과 힘이라는 존재에 부차적으로(secondary to) 발생한다는 것이다. 시간은 운동을 통해 인식할 수 있고 다른 운동들과의 비교를 통해(by comparison with) 측정된다. 일출과 일몰, 낮과 밤, 계절의 변화, 심지어 행성의 움직임까지도 모두 시간과 지속적인 변화를 나타낸다(indicative of).

물리학에서 시간은 두 사건 사이의 간격을 측정한 것을 의미한다(refer to). 시간은 또 어떤 사건을 일련의 숫자들과 결부시켜 주는(be associated with) 문화적 개념이기도 하다. 시간이라고 하는 양이 물리학 방정식에 등장할 때, 그것은 항상 두 사건 사이의 간격을 측정한 값을 가리킨다.

시간은 정의하기 어려운 개념이지만, 가장 정확하게 측정되는 물리적인 양이다. 시간 측정이란 어떤 시기나 시간간격에 고유한 숫자를 부여하는 것이다. 시기란 어떤 즉각적인 사건이 일어나는 시점을 특정하지만, 시간간격은 계속된 사건의 지속 기간을 나타낸다. 시간은 또 규칙적인 변화를 겪는 모든 현상의 과정을 이용해서 측정할 수도 있다.

시간의 측정 단위는 지구의 자전 주기에 바탕을 두고 있다(is based on). 시간의 기본 단위는 초라고 한다. 전통적인 시간의 측정법은 하루의 길이에 기반하고 있다. 하루는 시간, 분, 초의 단위로 쪼개진다(be split into).

Time

Time can be defined from many perspectives. Physical time is public time, the time that clocks are designed to measure. An hour has a certain number of minutes, a day is made up of 24 hours and a year has a number of days.

Time involves both motion and forces. It is proposed that time arises secondary to the presence of motion and forces due to the expansion of space. Time becomes perceivable through motion and is measured by comparisons with other motions. The sunrise and the sunset, night and day, the seasons and even the movement of the planets are all indicative of time and continuous change

In physics, time refers to the measurement of the interval between two events. Time is also a cultural construct whereby an event can be associated with a series of numbers. When the quantity called time appears in a physical equation, it is always referring to the measure of the interval between two events.

Although time is a difficult concept to define, it is the most accurately measured physical quantity. A measurement of time assigns a unique number to either an epoch or a time interval. An epoch specifies the moment when an instantaneous event occurs, while a time interval refers to the duration of a continued event. Time can also be measured using the progress of any phenomenon that undergoes regular changes.

The unit of measurement of time is based on the Earth's period

공간

공간은 과학, 수학, 그리고 통신의 여러 현상들을 나타내기(refer to) 위해 사용되는 용어이다.

공간은 물체와 사건이 발생하는 무한하고, 경계가 없는 3차원의 영역으로 정의된다. 이러한 사건과 물체들은 상대적인 위치와 방향을 가지고 있다. 기본적으로 물리적 공간은 3개의 선형 차원으로 시각화된다(be visualized). 현대물리학에서는 일반적으로 시간과 더불어 공간을 시공간으로 알려진 4차원의 무한한 연속체의 일부로 간주한다. 수학에서는 공간의 개념이 여러 가지 차원과 여러 가지 기본 구조를 이용하면서 논의되고 연구된다.

공간 개념의 연구는 물리적 우주를 이해하는 기본이 된다. 국제단위계(SI)는 공간을 측정하는 데 사용되는 가장 흔한 단위 체계이다. 과학자들은 쓰기 편하게 크기가 조정된 숫자에 맞춰 거리, 시간, 그리고 여러 물리적 측정값들의 단위들을 선택한다. 물체들이 엄청난 거리로 떨어져 있는 천문학의 경우, 빛이 1년 동안 이동하는 거리를 나타내는 광년이라는 단위를 사용하는 것이 더 편리하다.

이와 정반대로, 과학자들은 나노미터라는 단위를 사용하기도 하는데, 이는 원자나 분자들 사이의 거리가 몇 십 분의 일 나노미터에서 몇 백 분의 일 나노미터 사이에 있기 때문이다.

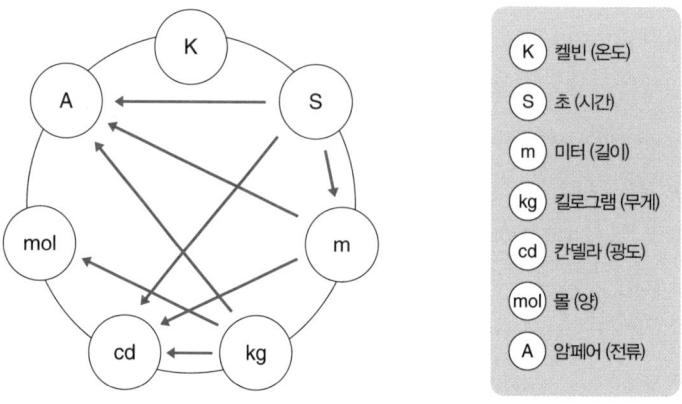

of rotation. The basic unit of time is called a second. The traditional measurement of time is based on the length of a day. A day is split into hours, minutes and seconds.

Space

Space is a term that is used to refer to various phenomena in science, mathematics and communications.

Space is defined as the limitless, boundless, three-dimensional scope in which objects and events occur. These events and objects have relative positions and directions. Basically, physical space is visualized in 3 linear dimensions. Along with time, modern physicists typically consider space to be a part of the boundless four-dimensional continuum known as space-time. In mathematics, the concept of spaces is discussed and studied using different numbers of dimensions and with different underlying structures.

Studying the concepts of space is the foundation of understanding the physical universe. The International System of Units (SI) is the most common system of units used to measure space. Scientists choose units of distance, time, and other physical measurements that correspond to a conveniently sized number. In the case of astronomy where objects are separated by great distances, it is more convenient to use a light year, which is the distance light travels in one year.

At the other extreme, scientists may use nanometers because atomic/molecular distances range between tenths to hundreds of nanometers.

길이 측정

통상적인 방법으로 길이를 측정할 때는 주로 인치, 피트, 야드, 마일 등의 일반 단위가 사용된다. 길이의 단위는 높이, 너비, 길이, 깊이, 그리고 거리를 측정한다.

사람들은 키를 잴 때 '피트'를 사용한다. 건설 노동자와 건축가들은 벽과 바닥, 그리고 천장의 치수를 잴 때 피트를 사용한다. 그뿐 아니라 피트는 한 지점에서 다른 지점까지의 거리를 판단할 때도 사용된다.

운동

운동은 물리학의 핵심 주제 가운데 하나이다. 운동은 물리학자들이 역학이라고 부르는 것의 한 분야이다. 과학자들은 운동을 설명하고 운동에서 변화를 일으키는 여러 규칙이나 법칙들을 발견해 왔다.

운동은 위치의 변화를 일컫는다. 운동이라는 말은 '움직이다'라는 뜻을 가진 라틴어 동사의 과거분사형인 movere로 거슬러 올라갈 수 있다(can be traced back to).

물리학에서 운동은 모두 힘과 관련되어 있다(be all about). 힘은 운동의 변화를 유발하는 기폭제인데, 이는 운동을 일으키거나, 멈추거나, 운동의 방향을 바꿀 수도 있음을 의미한다. 힘이 없으면 물체나 물질은 가속에 저항하려는 경향이 있다(tend to). 물체나 물질이 멈춰 있다면 그것들은 계속해서 멈춰 있을 것이고, 직선운동을 하고 있다면 계속해서 직선운동을 할 것이다.

속력과 속도

물리학자들은 움직임을 바라볼 때 몇 가지 기본적인 용어를 사용한다. 대부분의 사람들은 '속력'과 '속도'라는 용어를 혼용하지만, 이 두 용어의 정의는 서로 다르다.

Length Measurement

When measuring length in the customary system the common units used are inches, feet, yards, and miles. Units of length measure height, width, length, depth, and distance.

People use "feet" to measure their height. Construction worker and architects use feet to measure walls, floors, and ceilings. It is also used to determine the distance from one point to another.

Motion

Motion is one of the key topics in physics. It is one aspect of what physicists call mechanics. Scientists have discovered several rules or laws that explain motion and cause changes in motions.

Motion refers to a change in location. The word motion can be traced back to the Latin past participle of movere, which means "to move."

In physics, motion is all about forces. Force is the initiator of a change in motion, which can mean starting motion, stopping motion, or changing direction. Without force, objects or matter tend to resist acceleration. They will stay at rest if they are at rest or, when moving in a straight line, will continue moving in a straight line.

Speed and Velocity

Physicists use some basic terms when they look at motion. Although the terms "speed" and "velocity" are used

속력은 '물체가 얼마나 빨리 움직이는가'를 나타내는 스칼라 양이다. 속력은 어떤 물체가 일정 거리를 움직이는 값이라고 볼 수 있다. 빨리 움직이는 물체는 높은 속력을 가지며, 짧은 시간 안에 비교적 먼 거리를 움직인다. 높은 속력을 가진 이 물체를 낮은 속력으로 천천히 움직이는 물체와 비교해 보면, 낮은 속력의 물체는 같은 시간 동안 상대적으로 짧은 거리를 움직이게 된다. 전혀 움직이지 않는 물체의 속력은 0이다.

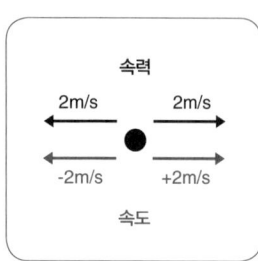

속력은 스칼라 양이라는 거리에서 도출되었기 때문에, 속력 역시 스칼라 양이다. 이것은 속력이 방향에 대한 정보를 나타내지 않는다는 말이다. 속력은 물체가 주어진 시간 동안 움직인 거리를 측정한 것이다. 속력을 계산하는 공식은 다음과 같다.

$$\text{평균 속력} = \frac{\text{이동 거리}}{\text{경과 시간}}$$

속도는 한 물체가 어떤 특정 방향으로 위치를 바꾸는 값이다. 속도는 벡터 양이다. 어떤 사람이 앞으로 한 발짝 내디뎠다가 다시 한 발짝 뒤로 내디딘다면 이 사람의 속도는 0이다. 왜냐하면 그 운동이 위치의 변화를 전혀 일으키지 않았기 때문이다. 운동 중인(in motion) 어떤 사람이 속도를 극대화하기를 원한다면 그 사람은 원래 위치로부터 떨어진 거리를 극대화하는 데 모든 노력을 기울여야(make every effort) 할 것이다. 모든 걸음은 원래 출발했던 곳에서부터 그 사람을 멀리 이동시키도록 해야 할 것이고, 그 사람은 방향을 바꾸거나 출발 지점으로 돌아와서는 절대 안 된다. 속도를 계산하는 공식은 다음과 같다.

$$\text{평균 속도} = \frac{\text{이동의 변화}}{\text{경과 시간}}$$

interchangeably by most people, these two terms have different definitions.

Speed is a scalar quantity that refers to "how fast an object is moving." Speed can be thought of as the rate at which an object covers distance. A fast-moving object has a high speed and covers a relatively large distance in a short amount of time. Contrast this to a slow-moving object that has a low speed; it covers a relatively small amount of distance in the same amount of time. An object with no movement at all has zero speed.

Since speed is built from distance, a scalar quantity, then speed is also a scalar quantity. This means it carries no direction information with it. Speed is a measure of the distance an object travels in a given length of time. To calculate the formula:

$$\text{Average Speed} = \frac{\text{Distance Travelled}}{\text{Time elapsed}}$$

Velocity is the rate at which an object changes its position in a specific direction. It is a vector quantity. A person who travels one step forward and one step backward would be said to have zero velocity, since the motion will never result in a change in position. If a person in motion wishes to maximize velocity, then that person must make every effort to maximize the amount that they are displaced from their original position. Every step must go into moving that person further from where he or she started, the person should never change directions and begin to return to the starting position.

To calculate velocity:

가속도

속도가 바뀔 때 가속도라는 용어가 사용된다. 가속도는 물체가 자신의 속도를 바꾸는 값으로 정의되는 벡터 양이다. 물체가 자신의 속도를 바꾸고 있다면 그 물체는 가속하고 있는 것이다.

사람은 매우 빨리 이동하면서도 가속하지 않을 수도 있다. 가속도는 물체가 움직임의 빠르기를 바꾸는 것과 관련이 있다(has to do with). 어떤 물체가 속도를 바꾸지 않는다면 그 물체는 가속하지 않고 있는 것이다. 등기속도는 속도가 일정하게 계속해서 변하는 것을 의미한다. 따라서 가속하는 물체는 일정한 값으로 계속 속도를 변화시키거나(등가속도), 변화하는 값으로 계속 속도를 변화시킨다(비등가속도). 가속도를 계산하는 공식은 다음과 같다.

$$가속도 = \frac{속도의\ 변화}{시간}$$

$$\text{Average Velocity} = \frac{\text{Change in displacement}}{\text{Time elapsed}}$$

Acceleration

When velocity is changing, the word acceleration is used. Acceleration is a vector quantity that is defined as the rate at which an object changes its velocity. An object is accelerating if it is changing its velocity.

A person can be moving very fast and still not be accelerating. Acceleration has to do with changing how fast an object is moving. If an object is not changing its velocity, then the object is not accelerating. Constant acceleration refers to the constant change in velocity by a constant amount. Therefore, accelerating objects are changing their velocity either by a constant amount (constant acceleration) or by a changing amount (non-constant acceleration). To calculate acceleration:

$$\text{Acceleration} = \frac{\text{Change in Velocity}}{\text{Time}}$$

problem solving

문제1 다음 그래프는 동일한 직선 상에서 운동하는 물체 A, B의 위치를 나타낸다. 0초에서 20초 사이에 일어난 A와 B의 운동에 대한 설명으로 옳은 것을 보기에서 모두 고르시오.

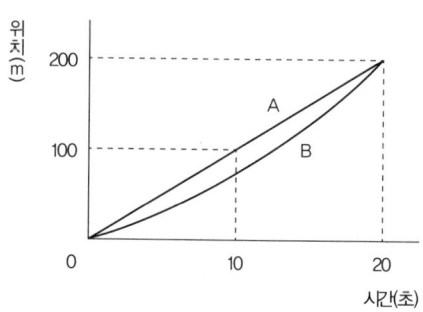

a. A는 등속운동을 보이는 반면 B는 가속운동을 보인다.
b. B의 이동 거리가 A보다 크다.
c. A와 B의 평균 속도는 같다.

Example 1 The graph represents the positions of objects A and B which move on the same straight line. Choose all correct answers that explain the movement of A and B between 0 and 20 seconds.

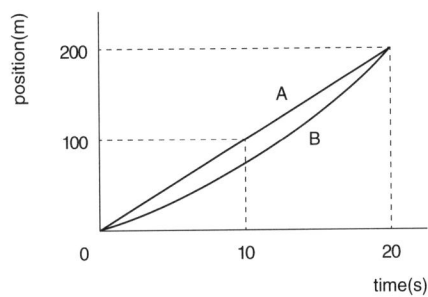

a. A shows uniform motion while B shows accelerated motion.
b. Travelled distance of B is bigger than A.
c. Average speed of A and B are same.

문제2 다음 그림은 정지 상태에서 출발한 자동차가 다리 위의 직선도로를 통과할 때까지 등가속도로 운동하는 모습을 나타낸 것이다. 출발선에서 다리 입구까지의 거리는 100m이고, 자동차의 속도는 다리 입구에 도달했을 때가 10m/s, 다리 끝에 도달했을 때가 20m/s이었다.

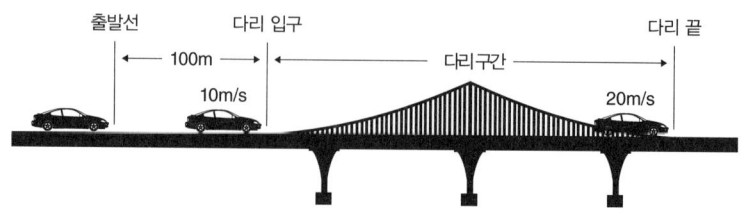

정답을 모두 고르시오.

> a. 자동차의 가속도의 크기는 0.5m/s²이다.
> b. 자동차가 다리 구간을 지나는 데 걸린 시간은 20초이다.
> c. 다리 구간의 길이는 450m이다.

➡ 해답   **1.** a, c   **2.** a, b

Example 2 The picture shows the uniformly accelerated motion of a car from stopped state until it passes a bridge on a straight road. The distance from start line to the entrance of a bridge is 100m, the speed of a car when it reached the entrance of a bridge was 10m/s and when it reached the end of a bridge was 20m/s.

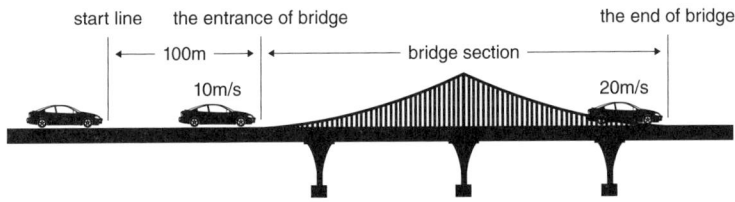

Choose all correct answers.

a. The magnitude of acceleration of a car is 0.5m/s^2.

b. The car took 20 seconds to pass the bridge section.

c. The length of bridge section is 450m.

rest in physics

Minkowski(민코프스키)와 Einstein(아인슈타인)

헤르만 민코프스키(1864-1909)

Hermann Minkowski(헤르만 민코프스키)는 러시아 출신의 독일인 mathematician(수학자)으로 number theory(정수론)와 mathematical physics(수리물리학)에 기하학적 방법을 도입하여 새로운 영역을 개척했다. 그가 오늘날의 스위스 취리히 연방공과대학교 교수로 재직할 당시 그의 수학 강의를 듣는 학생 중에는 Albert Einstein(알버트 아인슈타인)도 있었다. 하지만 저명한 수학자와 천재 과학자의 관계는 생각보다 좋지 못했다. 오히려 서로를 미워했다고 하는 게 맞을 것이다.

Einstein의 아버지와 숙부는 전기 공장을 세우고 발전기와 모터 등을 만들었는데, Einstein은 기계를 직접 다루는 실험에 매료되어 물리 실험실에서 대부분의 시간을 보냈다. 이때부터 Einstein은 physics(물리학)에서 mathematics(수학)의 역할을 저평가했는데, 그의 이런 태도는 평생토록 지속되었다. 제자의 이런 태도에 심기가 불편해진 Minkowski는 Einstein을 'a lazy dog(게으른 개)'이라고 불렀다고 한다.

Einstein은 1905년 'On the Electrodynamics of Moving Bodies'(움직이는 물체의 전기역학에 대해서)라는 제목의 논문에서 special theory of relativity를 발표했는데, 이를 입증할 mathematical proof(수학적 증명)가 필요했다. 그런데 이것을 증명해낸 사람이 아이러니하게도 Minkowski였다. Minkowski는 시간과 공간이 따로 존재하는 것이 아니라 둘이 함께하는 space-time이 존재한다고 주장했는데, 이를 'Minkowski's space-time(민코프스키 시공간)'이라 한다. Minkowski가 처음 이 theory를 발표할 때만 해도 다른 과학자들뿐만 아니라 Einstein조차도 이 theory에 대해 회의적인 반응을 보였지만, 결국 Minkowski's space-time은 Einstein의 general theory of relativity에 결정적 영향을 미치게 된다.

Pendulum clock(진자시계)

Clock(시계)의 역사는 약 6,000년 전으로 거슬러올라간다. 태양빛을 이용한 sundial(해시계)과 물의 낙차를 이용한 water clock(물시계), 그리고 hourglass(모래시계)를 통해 대략적인 시간을 알 수 있었지만 시간이 부정확하다는 단점이 있었다. 그리고 spring(태엽)을 이용한 초기의 mechanical(기계적인) clock은 모양은 그럴듯했지만 크기가 너무 크고 비쌌고, 역시 시간이 정확하지 못했다.

그러다가 1656년에 네덜란드의 천문학자인 Christiaan Huygens(크리스티안 하위헌스)가 비교적 시간이 정확한 pendulum clock을 만들어냈다. Huygens가 만든 이 clock 덕분에 과학자들은 정확한 experiment(실험)를 할 수 있게 되었고, 상점 주인들은 상점 문을 제때 열고 닫을 수 있게 되었으며, 노동자들은 시간당 급여를 받을 수 있게 되었다. pendulum clock에 대한 특허는 Huygens가 얻었지만, 그가 이 clock을 발명할 수 있는 영감을 제공한 사람은 바로 Galileo Galilei(갈릴레오 갈릴레이)였다.

Huygens가 pendulum clock을 세상에 내놓기 약 70여 년 전인 1583년의 어느 날, 이탈리아 피사 대성당에 많은 사람들이 예

크리스티안 하위헌스(1629-1695)

배를 드리기 위해 모여 있었다. 그런데 한 젊은이만 예배가 시작된 줄도 모르고 천장에 매달린 램프를 유심히 쳐다보고 있었다. 그 청년은 피사대학 의학부에 다니는 Galilei였다. 방금 기름을 붓고 불을 켰기 때문에 천천히 흔들리는 램프를 보며 Galilei는 pulse(진동; 맥박)의 빠르기를 램프가 흔들리는 속도로 잴 수 없을까 하는 생각에 빠져 있었다. 결국 Galilei는 pendulum을 연결한 끈의 길이만 같으면 pendulum이 언제나 같은 속도로 흔들린다는 사실, 즉 isochronism(진자의 등시성)을 발견해냈다. Galilei의 발견은 pulse를 재는 도구인 pulsimeter(맥박계)의 발명으로 이어졌고, 물체의 운동을 수학적으로 자세히 설명한 그의 이론들이 훗날 Huygens와 같은 과학자로 하여금 pendulum clock을 만들 수 있는 계기를 제공했다.

Zeno's paradoxes(제논의 역설)

고대 그리스의 철학자인 Parmenides(파르메니데스)는 변화하지 않는 참다운 실재가 공간을 가득 메우고 있다고 보고 그와 대립되는 비어 있는 공간을 인정하지 않았다. 다시 말하면, 그는 한 공간에서 다른 비어 있는 공간으로 matter가 이동한다는 motion의 개념을 거부했다. 이와 같은 그의 생각은 상식적으로 맞지 않아 많은 논쟁을 불러일으켰는데, Parmenides의 제자인 Zeno(제논)는 스승의 주장을 옹호하기 위해 독특한 논법을 펼쳤다. 그것이 바로 Zeno's paradoxes(제논의 역설)인데, Zeno's paradoxes 중에서도 가장 유명한 것은 Achilles and the tortoise(아킬레우스와 거북이)다. Zeno는 Achilles가 tortoise와 경주를 하는데 Achilles에 비해 tortoise가 훨씬 느리므로 tortoise가 Achilles보다 앞선 위치에서 출발한다고 가정했다. Achilles와 tortoise 사이의 거리가 90m이고 Achilles의 speed(속도)가 10m/s이며 tortoise보다 10배 빠르다고 가정하면 Achilles는 10초 후에 tortoise를 따라잡는다는 계산이 나온다. 하지만 Zeno는 Achilles가 절대로 tortoise를 따라잡을 수 없다고 했다. 왜냐하면 Achilles가 tortoise가 출발한 위치인 A지점까지 오면, 그 동안 tortoise는 B지점까지 갈 것이고,

Achilles가 B지점에 오면 tortoise는 그 사이에 C지점에 있을 것이기 때문이다. 그래서 Zeno는 Achilles가 영원히 tortoise를 따라잡을 수 없다고 주장했다.

 상식적으로 보면 누구나 Zeno's paradoxes가 말이 안 된다는 것을 알고 있다. 하지만 그것을 반박하라고 하면 어떤 부분이 잘못되었는지 명확히 짚어내기 어려운데, 그 이유는 Zeno's paradoxes에는 space의 개념만 있을 뿐 time 개념이 빠져 있다는 것을 간파하기 어렵기 때문이다. 하지만 Zeno's paradoxes는 time-space과 theory of relativity(상대성이론)의 중요한 기원으로 평가 받고 있다.

2

Newton's Laws of Motion
뉴턴의 운동법칙

I do not know what I may appear to the world; but to myself I seem to have been only like a boy playing on the seashore, and diverting myself in now and then finding a smoother pebble or a prettier shell than ordinary, whilst the great ocean of truth lay all undiscovered before me.

—Isaac Newton

나는 세상에 내가 어떻게 비치는지 모른다. 하지만 나는 나 자신이 바닷가에서 노는 소년에 지나지 않는다고 생각했다. 내 앞에는 아무것도 밝혀지지 않은 진리라는 거대한 대양이 펼쳐져 있고, 가끔씩 보통 것보다 더 매끈한 돌이나 더 예쁜 조개 껍질을 찾고 즐거워하는 소년 말이다.

—아이작 뉴턴

> basic concept

뉴턴의 세 가지 운동법칙
Newton's Three Laws of Motion

사과나무 아래에서 생각에 잠겨 있는 아이작 뉴턴
(1642-1727)

Newton's laws of motion은 object(물체)의 motion(운동)을 설명하는 가장 기본적인 법칙이다. Newton's laws of motion은 3개의 law of motion으로 이루어져 있는데, 그 중 첫 번째는 law of inertia(관성의 법칙)이다. Law of inertia는 object에 가해지는 force(힘)가 없다면 object는 정지하거나 uniform motion(등속운동)을 한다는 것이다. 두 번째인 law of acceleration(가속도의 법칙)은 object에 force를 가했을 때 object의 acceleration(가속도)은 그 force에 proportion(비례)하고, object의 mass(질량)에 inverse proportion(반비례)한다는 법칙이다. 마지막으로 law of action and reaction(작용반작용의 법칙)은 두 object 사이에 주고받는 force의 크기는 같고 force의 direction(방향)이 반대라는 것이다.

Law of inertia에서 모든 object는 외부에서 force가 가해지지 않는 한 자기의 현재 state(상태)를 그대로 유지하려고 한다. 정지해 있는 object는 계속해서 정지해 있으려고 하고, 움직이는 object는 계속해서 straight line(직선)으로 uniform motion을 하려고 한다. 달리던 버스가 급정거하면 몸이 앞으로 쏠리거나, 갑자기 브레이크를 밟으면 차가 앞으로 쏠리는 현상, 트럭이 급커브를 돌면 가득 적재된 짐들이 도로에 쏟아지는 현상, 그리고 컵 밑에 깔린 얇은 종이를 빠르고 세게 잡아당기면 컵이 그 자리에 가만히 있는 현상 등이 law of inertia의 예이다. Law of inertia는 외부에서 force가 가해지지 않을 때 성립되는데, 이 말을 뒤집으면 외부에서 force가 가해지면 inertia는 깨진다. Inertia를 바꾸고 싶으면 외부의 force를 끌어와야 한다.

Law of acceleration에서 모든 object는 force가 작용하는 동안에는 그 방향에 acceleration이 생기고, 그 acceleration은 magnitude of force(힘의 크기)에 proportion하고 mass에 inverse proportion한다. Force를 계속해서 작용시킬 때, force가 클수록 object의 acceleration은 크고, 또 mass가 다른 object에 같은 force를 작용시킬 경우, mass가 클수록 acceleration이 작다. 이것은 dynamics(역학)의 기초를 이루는 가장 중요한 공식으로 equation of motion(운동방정식)이라고 한다. Acceleration이 필요할 때는 object에 계속해서 force를 가해야 하며, force를 가하는 동안에는 resistance(저항)에 의한 deceleration(감속)이 있어서도 안 된다. Force와 mass, acceleration의 관계는 다음과 같다.

- object의 mass가 같을 때, object에 작용하는 force가 2배, 3배 증가하면 acceleration은 2배, 3배로 증가한다.
- object에 작용하는 force가 같을 때, mass가 2배, 3배로 증가하면 acceleration은 $\frac{1}{2}$배, $\frac{1}{3}$배로 감소한다.

마지막으로 Law of action and reaction은 A, B의 두 object가 서로에

게 force를 작용하고 있을 때 그 interaction(상호작용)에 관한 법칙이다. Object A가 object B에 미치는 것을 action(작용), object B가 object A에 미치는 것을 reaction(반작용)이라 하는데, action이 있으면 반드시 reaction이 있으며, 그 크기는 같고 direction은 반대가 된다. Action과 reaction은 두 object에 한 쌍으로 동시에 작용한다. Motion의 세 가지 법칙은 각기 독립된 내용을 갖고 있지만, 한편으로는 서로 밀접한 관계를 갖는다. 가령 외부로부터 force가 작용하지 않는 하나의 object가 A, B라는 두 부분으로 나뉘어 있다고 가정할 때, object 전체에 작용하는 force는 A가 B에 미치는 action과 B가 A에 미치는 reaction의 resultant force(합력)이다.

Classical physics(고전물리학)로 object의 motion을 설명한 Aristotle(아리스토텔레스)에 따르면, object가 일정한 velocity(속력)로 이동하기 위해서는 외부에서 끊임없이 force가 가해져야 한다. 그러나 law of inertia에 의하면 외부에서 force가 작용하지 않는 한 object은 motion를 유지한다. Aristotle(아리스토텔레스)은 기본적으로 object의 motion을 하나의 정지된 state에서 다른 정지된 state로의 변화로 이해했다. 즉 Aristotle에게는 object가 움직이고 있는 state나 정지한 state는 아무 차이가 없었다.

그러나 modern science(근대과학)의 시대를 연 Galileo Galilei(갈릴레오 갈릴레이)나 Isaac Newton(아이작 뉴턴)은 object의 state를 달리 보았다. 그들은 object가 정지한 state를 운동하는 state의 특수한 경우로 보았다. Motion은 object의 외부에서 force가 가해졌을 때 그 state가 변화하는 것을 뜻하며, 이때 force는 motion을 바꾸는 factor(요인)가 된다고 본 것이다.

Albert Einstein(알버트 아인슈타인)의 theory of relativity(상대성이론)는

갈릴레이 갈릴레오(1504-1642)

object가 정지해 있는 것과 움직이고 있는 것을 동일선상에 두고 설명한다. Einstein 이전에는 light(빛)라는 wave(파동)를 전달하는 material(물질)이 ether(에테르)라고 생각했다. Ether는 Aristotle이 가정한 가상의 제5원소인데, 그는 세상에 존재하는 모든 object는 불, 공기, 흙, 물로 이루어져 있으며, 하늘을 구성하는 것은 ether라고 생각했다. 즉 ether는 universe(우주) 전체에 퍼져 있으면서 하나의 coordinate system(좌표계)을 이루는 material로 여겨진 셈이다. 하지만 Einstein은 ether의 존재를 부정했다. Ether가 없으면 universe 전체에 걸친 절대적인 coordinate system를 설정할 수 없다. 따라서 모든 motion은 relative(상대적)할 수밖에 없게 된다. 돌멩이가 정지해 있다는 말은 이제 physical meaning(물리적 의미)이 없게 되었다. 멈춘 state와 움직이는 state는 observer(관측자)의 motion에 따라 달라질 뿐 물리적으로는 똑같다.

reading physics

운동법칙은 물체에 작용하는(acting on) 힘과 운동의 관계를 설명한다. 이 법칙은 위대한 물리학자인 아이작 뉴턴 경에 의해 만들어졌다. 이 법칙들은 힘이 작용할 때 물체의 운동을 설명하는, 역학의 하위 분야인 고전역학의 토대를 이루었다. 이 법칙들은 지구상의 물체뿐만 아니라 천체에도 적용된다(hold true).

뉴턴은 흔히 《프린키피아》로 알려져 있는 자신의 책 《자연철학의 수학적 원리》에서 세 가지 운동법칙을 소개하여 고전역학의 토대를 만들었다.

1 뉴턴의 제1운동법칙인 관성의 법칙은 "물체의 운동 상태를 변화시키기 위해서는 힘이 가해져야 한다"고 기술한다.
2 뉴턴의 제2운동법칙인 가속도의 법칙은 가속도와 힘, 그리고 질량의 관계를 설명한다.
3 뉴턴의 제3운동법칙인 작용과 반작용의 법칙은 "어떤 물체에 힘이 가해지면 그 물체 뒤로 작용하는 같은 크기의 반대되는 힘이 존재한다"고 말한다.

이러한 법칙들은 보편적으로 적용되며(applied universally) 수많은 관찰을 통해 입증되었다. 현대 물리학자들도 이 법칙들을 사용한다.

제1법칙

관성의 법칙으로도 불리는 제1법칙은 "어떤 물체에 힘이 작용하지 않는 한, 정지 상태에 있는(at rest) 물체는 계속해서 정지해 있을 것이고, 움직이는(in motion) 물체는 그 운동 상태를 유지할 것이다"라고 기술한다.

The laws of motion explain the relationship between forces and motion acting on an object. The laws of motion were formulated by the great physicist, Sir Isaac Newton. These laws formed the basis for classical mechanics; the sub division of mechanics concerned with describing motion of an object under the action of forces. These laws hold true for planetary objects as well as objects on Earth.

In his book Philosophiae Naturalis Principia Mathematica or Mathematical Principles of Natural Philosophy, commonly known as Principia, he introduced the foundation of classical mechanics with his three laws of motion.

1. Newton's first law of motion—the law of inertia—states that "In order to change the motion of an object a force must act upon it."
2. Newton's second law of motion—the law of acceleration—explains the relationship between acceleration, force and mass.
3. Newton's third law of motion—the law of action and reaction—says that "When a force acts on an object, there will always be an equal and opposite force acting back on the object."

These laws are applied universally and have been verified by observation many times. They are still used by physicists today.

$$\sum F = 0 \longrightarrow \frac{dv}{dt} = 0.$$

뉴턴은 어떤 물체에 가해진 힘의 총 크기가 0이면 그 물체의 속력은 일정하다고 설명한다. 예를 들어, 차에 타고 있을 때 안전벨트를 매고 있지 않다면 차가 멈췄을 때 몸이 앞으로 쏠리게 된다는 것이다.

제2 법칙

뉴턴의 두 번째 운동법칙은 흔히 가속도의 법칙으로 알려져 있는데, "어떤 물체의 가속도는 그 물체에 가해지는 힘에 비례한다"고 설명한다. 보다 이해하기 쉽게 말하자면, 어떤 물체의 운동 상태의 변화 혹은 가속도는 질량이 큰 물체보다 질량이 작은 물체에 크게 작용한다. 질량의 차이 때문에 작은 공에 가해지는 힘의 효과가 같은 힘이 트럭에 가해졌을 때보다 더 클 것이다.

$$F=ma$$

힘이 가해져서 생기는 물체의 가속도는 힘의 크기에 직접적으로 비례하며(directly related to), 그 물체의 질량과는 반비례한다(inversely related to).

제3 법칙

제3법칙은 "모든 작용에는 같은 크기의 반작용이 존재한다"는 것을 설명한다. 이 작용의 원리를 설명하는 흔한 예 중 하나는 당신이 의자에 앉아 있을 때 관찰할 수 있다. 당신의 몸은 아래쪽으로 힘을 가하고 의자는 같은 힘을 위쪽으로 가해야 한다. 그렇지 않으면 의자는 무너지고 말 것이다. 다른 상황을 들어, 벽에 기대어 있다고 상상해 보자. 당신의 몸이 벽에 힘을 가하고 있는 것과 똑같이 벽이 당신의 몸에 힘을 가하고 있다.

First Law

Sometimes called the law of inertia, the first law states that "An object at rest will remain at rest and an object in motion will remain in motion, unless there is force acting on the object."

$$\sum F = 0 \longrightarrow \frac{dv}{dt} = 0.$$

Newton explains that if the total applied force on an object is zero, then the velocity of the object is constant. For example, when you're riding in a car and you aren't wearing a seatbelt when the car stops you will continue moving forward.

Second Law

Newton's second law of motion, commonly known as the law of acceleration, says that "the acceleration of an object depends on the applied force on the object." To make it easier to understand, the change in motion or acceleration of an object will be greater on an object with smaller mass than on an object with greater mass. Due to the difference in masses, the effects of force applied on a small ball would be greater than if an equal was applied on a truck.

$$F=ma$$

The acceleration of an object that is produced by the total exerted force is directly related to the magnitude of the force, and inversely related to the mass of the object.

이러한 상황은 다음과 같은 방정식을 통해 나타낼 수 있다.

$$\sum F_{a,b} = -\sum F_{b,a}$$

A와 B라는 두 물체가 서로에게 동일한 힘을 가하고 있다.
$F_{a,b}$는 B가 A에게 가하는 힘이고,
$F_{b,a}$는 A가 B에게 가하는 힘이다.

한쪽 끝의 진자가 다른 진자에 힘을 가하면 그 반작용으로 다른쪽 끝의 진자가 움직인다.

이 법칙을 이용하면 힘은 한 쌍을 이루고 있다는 결론을 내릴 수 있다. 한 방향으로 작용하는 힘은 항상 반대 방향으로 작용하는 다른 힘을 만나게 된다. 우리는 이것을 포탄을 쏘는 경우를 예로 들어 설명할 수 있다. 포탄이 (폭발에 의해) 공중으로 발사되면 대포는 뒤로 밀려나게 된다. 포탄을 밖으로 밀어내는 힘은 대포를 뒤로 미는 힘과 같지만 대포에 미치는 효과는 훨씬 미미한데, 이는 대포가 훨씬 더 큰 질량을 가지고 있기 때문이다. 이와 같은 예는 총이 총알을 앞쪽으로 발사할 때의 반동과 유사하다.

Third Law

His third law explains that "For every action there is an equal and opposite reaction." One common example of this principle in action can be observed when you sit on a chair. Your body exerts a force downward, therefore the chair must exert an equal force upward or it will collapse. Using another situation, imagine leaning on a wall. Your body exerts a force towards on the wall just as the wall exerts force on you.

This is expressed by the equation,

$$\sum F_{a,b} = -\sum F_{b,a}$$

Two objects A and B, each exerting a force on the other.
$F_{a,b}$ are the forces from B acting on A, and
$F_{b,a}$ are the forces from A acting on B.

Using this law, it can be concluded that forces are found in pairs. Forces acting in one direction always encounter other forces in the opposite direction. We can explain this using the example of shooting a cannonball. When the cannonball is fired through the air (by the explosion), the cannon is pushed backward. The force pushing the ball out was equal to the force pushing the cannon back, but the effect on the cannon is less noticeable because it has a much larger mass. That example is similar to the kick when a gun fires a bullet forward.

problem solving

문제1 수평면에 정지해 있는 질량 0.5kg인 물체에 다음과 같은 힘이 작용했다.

a. 0~5초 사이에 2N의 힘이 수평 방향으로 작용했다.
b. 5~10초 사이에 작용한 힘은 0이다.
c. 10~15초 사이에 운동의 반대 방향으로 4N의 힘이 작용했다.

0~15초 사이에 물체의 시간(t)당 속도(v)를 정확히 나타낸 그래프를 고르시오.

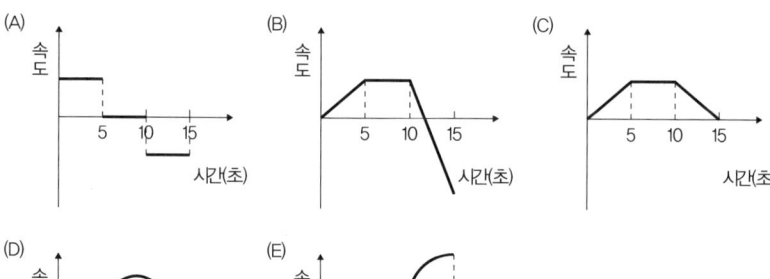

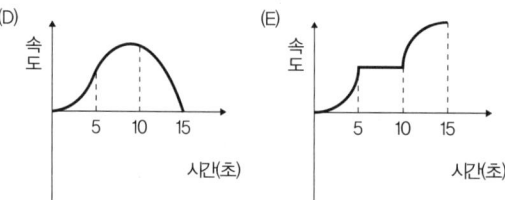

Example 1 Following forces acted on a fixed object on level surface which has the mass of 0.5kg.

a. 2N of force acted in horizontal direction between 0 to 5 seconds.
b. The force which acted between 5 to 10 seconds is 0.
c. 4N of force acted in the opposite direction of the motion between 10 to 15 seconds.

Choose the correct graph which explains the speed (v) of an object per time (t) between 0 to 15 seconds.

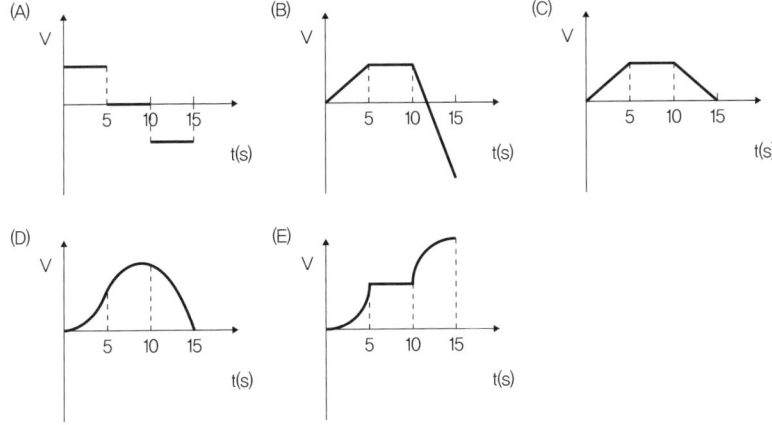

문제 2 그림은 마찰력을 무시할 만한 얼음판 위에서 마주보고 있는 두 명의 스케이트 선수인 A와 B가 서로를 밀었을 때 시간당 속도의 변화를 나타낸 것이다. 정답을 모두 고르시오.

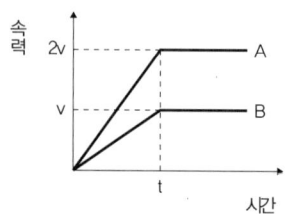

a. 서로 미는 동안 A의 가속도 크기는 B의 2배이다.
b. 서로 미는 동안 A가 받은 힘의 크기는 B가 받은 힘의 2배이다.
c. A의 질량은 B의 2배이다.

➡ 해답 **1.** (B) **2.** a

Example 2 The picture shows the change of speed per time when two skaters A and B facing push each other on the ice the friction of which can be ignored. Choose all correct answers.

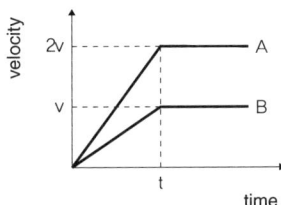

a. The magnitude of acceleration of A is twice bigger than B's while they are pushing each other.

b. The magnitude of force which acts on A is twice bigger than the force on B while they are pushing each other.

c. The mass of A is twice heavier than B's.

Principia(프린키피아)

에드먼드 핼리(1656-1742)

Newton's law(뉴턴의 법칙)를 담은 《Principia》는 그 가치만큼이나 어렵게 출간됐고 내용 또한 어려웠다. 그는 사람들이 '기적의 해'라 부르는 1665년과 1666년에 고향에 머물며 Newton's law를 정립했지만, 그것을 무려 20년이 지나서야 《Principia》를 통해 세상에 알린다. 그것도 자신의 의지가 아니라 천문학자 Edmond Halley(에드먼드 핼리)의 적극적인 권유에 의한 것이었다.

1684년 Halley는 영국왕립학회 서기를 맡고 있었는데, 당시 왕립학회의 내로라하는 학자들도 풀지 못한 문제에 대한 해답을 구하기 위해 Newton의 연구실을 방문했다. Halley는 태양 주위를 도는 planetary orbit(행성의 궤도)이 어떤 모양인지 Newton에게 물었다. Newton은 주저 없이 elliptical form(타원형)이라 말했고, 미심쩍어 하는 Halley에게 얼마 후 이를 수학적으로 증명하는 9쪽짜리 소논문을 보냈다. 이 논문에서 Newton은 태양과 행성 사이에 작용하는 force가 거리의 제곱에 반비례한다는 law of universal gravitation(만유인력의 법칙)도 증명해 보였다. 이에 감탄한 Halley는 Newton에게 논문을 보다 체계적으로 정리해 볼 것을 권유했다. 그의 권유를 받아들인 Newton은 Newton's law를 좀 더 체계적이면서도 다른 사람들이 이해하기 쉽도록 정리하는 작업에 착수했다. 그런데 어느 날 그가 키우고 있던 고양이가 촛불을 쓰러뜨려 원고가 불에 타버리는 사건이 발생했다. 하지만 천재적인 두뇌를 소유한 Newton은 원고의 내용을 전부 기억해 다시 썼다고 한다. 3년 뒤인 1687년, Newton은 'Mathematical Principles of Natural Philosophy(자연철학의 수학적 원리)'라는 이름으로 책을 발간하는데 이것이 그 유명한 《Principia》이다. 그런데 이 책은 발간 당시 생각보다 큰 파장을 일으키지 못했는데 그 이유는 책이 너무 어려워서였다. Newton은 infinitesimal calculus(미적분)도 별로 사용하지 않으면서 쉽게 쓰려고 했지만 가장 큰 문제는 그가 라틴어로 책을 썼다는 점이었다.

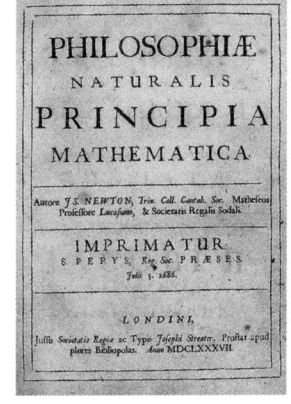

프린키피아 초판 표지

그래서 대다수 지식인들이 소화하기 힘든 책이 되었고, 학자들 사이에서는 "Newton 외에는 Principia를 이해하는 사람이 없다"는 이야기가 나돌기도 했다.

버스 내부의 law of inertia(관성의 법칙)

모든 object는 자신이 운동하고 있던 state를 그대로 유지하려 한다. 이런 성질을 law of inertia라고 하는데, object는 외부에서 force를 받지 않으면 이전의 속도 그대로 운동하는 uniform motion을 한다. 그렇다면 달리는 버스 안에 타고 있던 사람이 수직으로 뛸 경우 그 사람은 어떻게 될까? 다른 외부적 조건이 큰 영향을 미치지 않는다면 그 사람은 다시 그 자리에 떨어질 것이다. 이는 버스에 타고 있는 사람이 버스와 같이 움직이고 있기 때문이다. 버스가 달리고 있는 동안 버스에 타고 있는 사람은 가만히 있는 것처럼 느끼지만 실제로는 버스와 같은 속도로 uniform motion을 하고 있는 것이다. 그래서 버스가 급정거를 하면 그 안에 타고 있던 승객들은 inertia를 이기지 못하고 앞으로 몸이 쏠리게 된다.

Law of inertia는 어느 상황에서나 적용된다. 먼저 달리는 차에서 앞쪽으로 공을 던졌을 때와 멈춰 있는 상태에서 공을 던졌을 때 순간 속도를 측정하면 어떻게 될까? 물론 공기 저항 때문에 곧 속도가 떨어지겠지만 달리는 차에서 던진 공이 훨씬 빠를 것이다. 또 버스가 출발하는 순간 수직으로 뛰면 어떻게 될까? 앞으로 가려고 하는 버스와 제자리에 있으려고 하는 사람의 inertia로 인해 사람의 몸이 뒤로 젖혀질 것이다. 이 law of inertia는 영화에서도 많이 나오는데, 주인공이 날리는 차에서 뛰어내려 땅에 떨어지는 순간 데굴데굴 몸을 굴리는 장면을 누구나 한번쯤 보았을 것이다. 멋있어 보이기 위해 하는 행동처럼 보이겠지만 실제로는 앞으로 나아가고자 하는 inertia의 force를 줄여 부상을 피하기 위한 낙법이다.

소매치기와 Newton's laws of motion

한 시골 사람이 농산물을 서울에 가져와 도매상에 팔고 받은 돈을 주머니에 넣고 지하철을 탔다. 지하철을 타고 가는 내내 돈이 걱정스러워 손을 돈 위에 얹고 있었다. 그런데 지하철을 내려서 보니 돈의 절반 가량이 없어진 것이 아닌가. 시골 사람은 도둑 맞은 돈도 잊은 채 소매치기의 기술에 감탄했다. 그런데 소매치기가 들키지 않고 돈을 빼내려면 천천히 빼는 것이 좋을까, 빨리 빼는 것이 좋을까?

Newton's first law of motion에 따르면 모든 정지해 있는 object는 계속 정지해 있으려 하고, 일정한 velocity로 움직이고 있는 object는 같은 velocity로 움직이려고 한다. 이러한 성질을 inertia라고 하는데 정지해 있는 object를 움직이려면 force를 가해야 한다. Newton's second law of motion은 acceleration은 force에 proportion하고 mass에 inverse proportion한다는 것이므로 무거운 object일수록 움직이기 어렵다. 움직이지 않는 object에 force를 가하면 object가 움직이기 시작하고, object가 갖는 velocity는 얼마 동안 얼마나 큰 force가 작용하는가에 따라 결정된다.

  소매치기가 돈뭉치 가운데에 있는 지폐를 잡아 당기면 지폐와 지폐 사이의 friction(마찰) 때문에 옆에 있는 지폐에 force가 작용하여 이들도 함께 움직이기 시작한다. 옆에 있는 지폐가 갖게 되는 velocity는 frictional force(마찰력)가 작용하는 시간이 짧을수록 작다. 따라서 소매치기가 가운데 있는 돈을 빨리 뺄수록 옆에 있는 지폐는 덜 움직이고 주인에게 들킬 가능성도 적다.

3

Mechanical Energy
역학적 에너지

I frame no hypotheses; for whatever is not deduced from the phenomena is to be called a hypothesis; and hypotheses, whether metaphysical or physical, whether of occult qualities or mechanical, have no place in experimental philosophy.

— Isaac Newton

나는 어떠한 가설도 만들지 않는다. 왜냐하면 현상으로부터 추론되지 않는 것은 가설로 불리워야 하고, 가설이란 것은 형이상학적이든 형이하학적이든, 아니면 심령적이든 기계적이든 경험철학의 영역에서는 설 자리가 없기 때문이다.

— 아이작 뉴턴

basic concept

역학적 에너지의 의미
Meaning of Mechanical Energy

Mechanical energy는 object(물체)의 motion(운동)과 더불어 나타나는 kinetic energy(운동에너지)와 object의 location(위치)에 의해 정해지는 potential energy(위치에너지)의 sum(합)으로 이루어진다. 하나의 object가 가지고 있는 kinetic energy와 potential energy는 상호 변환될 수 있으나, 외부의 physical action(물리적 작용), 즉 friction(마찰)이나 air resistance(공기 저항) 등이 없다면 그 sum은 언제나 일정하게 conservation(보존)된다. 이것을 law of conservation of mechanical energy(역학적 에너지보존법칙)라고 한다.

예를 들어 어떤 object의 height(높이)가 1m일 때 potential energy가 10이라면 이때의 kinetic energy는 0이다. Object가 drop(낙하)하기 시작하면 potential energy는 점점 줄어드는데, potential energy가 줄어드는 만큼 kinetic energy는 증가하며, object가 땅에 떨어지는 순간에는 potential energy가 0이 되고, kinetic energy는 10이 된다. 즉 potential energy와 kinetic energy의 sum은 항상 같은 것이다. 또 다른 예로는 pendulum(진자)의 운동을 들 수 있다. 좌우로 움직이는 pendulum 추의 kinetic energy는 가장 낮은 지점에서 최대가 되고, 가장 높은 지점에서 최소가 되는데, air resistance가 없다면 energy의 sum이 일정하게 유지되기 때문에 pendulum은 계속해서 운동을 할 것이다. 하지만 외부의 physical action에 의해 state of motion(운동 상태)이 바뀌면 kinetic energy나

potential energy는 thermal energy(열에너지)나 sound energy(소리에너지), radiant energy(복사에너지)와 같은 다른 form(형태)의 energy로 바뀐다. 예를 들어 이동하고 있는 object가 friction을 받아 정지하게 되면 '끼익' 하는 sound(소리)가 나면서 object에 heat(열)이 발생하는데, kinetic energy가 thermal energy와 sound energy로 변환되었기 때문이다.

Kinetic energy는 object가 어떤 velocity(속력)를 가지고 움직이고 있을 때, 그 velocity에 들어 있는 energy를 말한다. 이 energy는 mass(질량)에 proportion(비례)하고, velocity의 square(제곱)에 proportion한다. 즉 mass가 2배이고 velocity가 2배이면 energy는 8배가 된다. Velocity가 빠른 자동차에서 사고가 나면 탑승자가 크게 다치는 이유는 이 때문이다.

Potential energy는 어떤 위치에서 기준점으로 삼는 다른 위치와의 사이에서 물체가 가지는 energy이다. 다른 말로 표현하자면, gravitation(중력)이나 electrostatic force(정전기력)와 같은 conservative force(보존력)가 작용하는 space(공간) 내에 object가 있을 때, 기준점으로부터의 object의 location에 따라 정의되는 energy를 potential energy라고 한다. 예를 들어 1m 높이에 올라가 있는 사람은 바닥에 있는 사람에 비해 potential energy를 더 가지고 있는 것이다. 그리고 수력발전은 높은 곳에 있는 물이 가지고 있는 potential energy를 electric energy로 바꾸는 것이다. Potential energy의 예로는 spring(용수철)의 변형에 의한 elastic potential energy(탄성위치에너지), electricity(전기)와 magnet(자석)에 의한 electric potential energy(전기력에 의한 위치에너지)와 electrostatic potential energy(정전위 에너지), gravitation에 의한 gravitational potential energy(중력에 의한 위치에너지) 등이 있다.

reading physics

　　　　　운동과 위치 때문에 물체에 존재하게 되는 에너지는 역학적 에너지라 불린다. 에너지는 흔히 일을 할 수 있는 능력으로 정의된다. 예를 들어, 어떤 학생의 머리 위로 들어올려진 책은 지면으로부터의 수직적인 위치로 인해 중력위치에너지를 갖고 있다. 따라서 어떤 물체가 위치에너지가 0이 아닌 어느 위치에 있다면 이러한 중력위치에너지를 갖고 있다고 결론 내릴 수 있다.

　역학적 에너지는 운동에너지 또는 위치에너지가 될 수 있다. 운동에너지는 물체가 수직 혹은 수평으로 운동할 때 갖는 에너지이고, 위치에너지는 물체의 위치에 의해 발생되는 잠재된 에너지이다.

에너지의 유형

　위치에너지와 운동에너지 역시 에너지의 형태와 관련이 있다. 다른 형태의 에너지로는 다음과 같은 것들이 있다.

- 화학에너지
변화하는 화학물질들의 화학적 결합 속에 보존되는 위치에너지의 일종

- 핵에너지
원자핵의 구조가 변함에 따라 생겨나는 에너지의 형태

- 전자기에너지
전하와 자기장, 광자의 운동으로 생성되는 자기장에서 일어나는 에너지의 일종

The energy present in an object because of its motion or position is called the mechanical energy. It is often defined as the ability to do work. For instance, a book lifted high above a student's head possesses mechanical potential due to its vertical position above the ground, its gravitational potential energy. Therefore, it can be concluded that an object has this energy if it is in a position relative to a zero potential energy.

Mechanical energy can be either kinetic or potential. Kinetic energy is the energy in vertical or horizontal motion and potential energy is the stored energy of an object caused by the object's position.

TYPES OF ENERGY

Potential and kinetic energy are also related to the form in which energy is found. Different forms of energies include:

- Chemical energy
the kind of potential energy stored in chemical bonds of chemical substances that undergo transformation

- Nuclear energy
a form of energy wherein changes occur in the structure of the atomic nucleus of an atom

운동에너지

운동에너지는 수직 또는 수평 운동에 의한 에너지이다. 운동에너지에는 여러 가지 형태가 있다. 운동에너지는 진동으로 발생하는 진동운동에너지의 형태로 존재할 수도 있고, 회전운동에서 발생하는 회전운동에너지의 형태로 존재할 수도 있고, 에너지 운동이 한 위치에서 다른 위치로 전이함으로써 발생하는 병진운동에너지의 형태로 존재할 수도 있다.

운동에너지는 스칼라 양인데, 이는 운동에너지의 양이 크기에 의해서만 완전히 설명된다는 것을 의미한다. 속도나 가속도와 달리 운동에너지에는 특정한 방향이 없다. 운동에너지는 표준 미터법 단위인 줄(Joule)을 사용하여 측정한다.

위치에너지

위치에너지는 물체의 위치에 의해 발생하는 물체의 잠재된 에너지이다. 높은 곳에 거대한 공을 매단 건물 해체 기계를 생각해 보자. 기계의 위치에너지는 공의 질량과 지상에서부터의 높이에 결부된다. 즉, 물체의 질량이 클수록, 중력위치에너지는 커지게 된다. 높이 역시 마찬가지인데, 물체가 땅에서 높이 올라올수록 중력위치에너지(PEgrav)는 커진다. 이것은 다음과 같은 공식으로 나타낼 수 있다.

$$PEgrav = m \times g \times h$$

m = 물체의 질량
h = 물체의 높이
g = 중력장의 힘 또는 중력가속도 (지구에서는 9.8N/Kg)

중력위치에너지는 물체의 수직적 위치 또는 높이에 따라 물체가 갖게 되는 에너지로 정의된다. 이 에너지는 물체의 질량과 고도 높이에 의해 결정된다.

- Electromagnetic energy

a kind of energy that arises from the magnetic field created by the motion of electric charges, magnetic fields, and photons

KINETIC ENERGY

Kinetic energy is the energy of either vertical or horizontal motion. There are different forms of kinetic energy. It can be in the form of vibration kinetic energy, which is energy that arises from vibration, rotational kinetic energy, which arises due to rotational motion, and translational kinetic energy, which is caused by the transfer of the energy motion from one location to another.

Kinetic energy is a scalar quantity, meaning its quantities are fully described by the magnitude alone. Unlike velocity and acceleration, kinetic energy does not have a particular direction. Kinetic energy is measured by the standard metric unit of Joules.

POTENTIAL ENERGY

Potential energy is the stored energy of an object arising from the object's position. Think of a demolition machine carrying a heavy ball in its elevated position. The machine is dependent on the mass of the ball and the height of it from the ground.

Therefore, the more massive an object is the greater the gravitational potential energy is. The same idea applies to its height, the higher an object is lifted from the ground the greater the gravitational potential energy. This can be expressed in the

다른 형태의 위치에너지로는 탄성위치에너지가 있다. 탄성위치에너지란 고무밴드나 용수철과 같이 탄성이 있는 물질을 늘이거나 압축시키는 과정에서 물체에 저장되는 에너지이다. 물체가 갖는 탄성위치에너지의 양은 물질이 늘어난 크기와 관계가 있다. 따라서 물질이 더 많이 늘어날수록 물체는 더 많은 저장 에너지를 갖게 된다고 결론 내릴 수 있다.

한편 용수철의 늘어나고 압축하는 것과 관련된 특수한 경우가 존재한다. 용수철을 압축하기 위해서는 힘(Fspring)이 필요하다. 이 힘은 용수철이 늘어나거나 압축한 정도(x)에 용수철 상수라고 알려진 상수 값(k)을 곱한 값에 정비례한다.

$$Fspring = k \times x$$

용수철이 늘어나지도 압축하지도 않았다면, 용수철에 저장되는 탄성위치에너지는 없다. 이를 평형점이라고 부른다. 평형점에서는 용수철에 어떤 힘도 가해지지 않는다. 이러한 상태를 기준점이라고 한다. 용수철의 위치에너지(PEspring)는 다음 공식으로 나타낼 수 있다.

$$PEspring = \frac{1}{2}k \times x^2$$

k = 용수철 상수
x = 압축 정도

formula:

$$PE_{grav} = m \times g \times h$$

m = mass of the object

h = height of the object

g = gravitational field strength, or acceleration of gravity, which is 9.8N/Kg on Earth.

Gravitational potential energy is defined as the energy possessed by an object as result of its vertical position or height. It is dependent on the mass of the object and the height of its elevation.

Another form of potential energy is elastic potential energy which is the energy stored by an object from the stretching and compressing of elastic materials such as rubber bands or springs. The amount of elastic potential energy possessed by an object is related to the amount of the stretch of the material. Therefore, it can be concluded that the more the material stretches, the more stored energy the object will have.

On the other hand, there is a special case concerning the compression and stretching of a spring. A force is needed to compress a spring. This force is directly proportional to the amount of the stretch or compression (x) multiplied by the constant value known as the spring constant (k).

$$F_{spring} = k \times x$$

If the spring is not stretched nor compressed, then there is no

에너지보존법칙

뉴턴은 "에너지는 만들어낼 수도, 없앨 수도 없기 때문에 한 계(系) 내의 모든 에너지의 총량은 일정하다"라고 말했다. 이 말은 에너지보존법칙을 설명하기 위해 사용되는 잘 알려진 명제다. 이 명제를 보다 잘 이해하기 위해 진자를 예로 들어 보자.

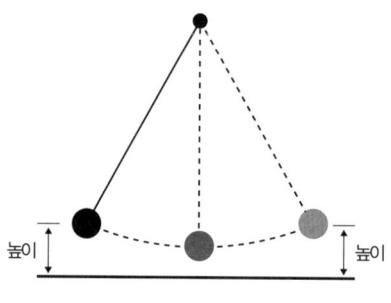

공의 처음 위치에서의 위치에너지가 x(PE=xJ)의 값을 가질 때, 운동에너지는 0(KE=0)이라는 것을 보여준다. 공이 두 번째 위치로 이동할 때 위치에너지는 감소하지만 운동에너지는 증가한다(PE=감소 / KE=증가). 공이 두 번째 위치에 도달하면 운동에너지는 x의 값을 갖지만 위치에너지는 0이 된다(KE=xJ/PE=0). 공이 세 번째 위치에 도달하면 위치에너지는 x의 값을 가지고 운동에너지는 0의 값을 갖는다.

앞서 말한 것처럼, 역학적 에너지는 운동하는 에너지나 물체의 위치에 따른 잠재된 에너지이다. 이때 위치에너지와 운동에너지의 합을 TME(총 역학적 에너지)라고 하며, 다음과 같은 공식을 갖는다.

$$TME = PE + KE$$

TME = 총 역학적 에너지
PE = 위치에너지
KE = 운동에너지

elastic potential energy stored in it. This is called the equilibrium position. In the equilibrium position, no force is applied to the spring. This is also called the zero-potential position. The potential energy of a spring can expressed with the formula:

$$PEspring = \frac{1}{2} k \times x^2$$

k = is the spring constant

x = is the amount of compression

LAW OF CONSERVATION OF ENERGY

Newton stated that "Energy may neither be created nor destroyed" and thus "the sum of all energies in a system is constant." This is a well-known statement used to describe the law of conservation of energy. To understand this better, let's use the pendulum as an example.

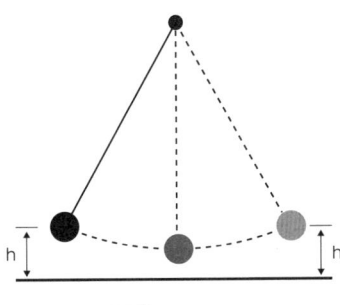

The first position of the ball indicates that the potential energy has the value of x(PE=xJ), while its kinetic energy is equal to zero (KE=0). As it moves toward the second position, the potential energy decreases while the kinetic energy increases

두 개의 위치에너지를 가진 어떤 계(系)의 총 역학적 에너지를 구하려 할 때는 같은 과정을 이용한다. 예를 들어, 중력위치에너지와 탄성위치에너지를 모두 갖는 계는 다음과 같이 나타낼 수 있다:

$$TME = PE_{grav} + PE_{spring} + KE$$

(PE=decreases/KE=increases). When the ball reaches the second position the kinetic energy gains the value of x while the potential energy becomes zero. (KE=xJ/ PE=0). As the ball reaches the third position the potential energy gains the x value and its kinetic energy has the zero value.

As previously stated, mechanical energy is the energy in motion or the stored energy of position of an object. The sum of the potential energy and kinetic energy is called the total mechanical energy(TME). It has the formula:

$$TME = PE + KE$$

TME= Total Mechanical Energy
PE= Potential energy
KE= Kinetic energy

We use the same procedure if we are going to compute the TME of a system with two potential energies. For example, a system that has both gravitational and elastic potential energy can be expressed as follows:

$$TME = PE_{grav} + PE_{spring} + KE$$

problem solving

문제1 그림 (A)와 (B)는 마찰이 없는 경사면에서 전동기 A, B가 질량이 m인 물체를 각각 잡아당길 때 물체가 일정한 속도 v로 운동하는 것을 나타낸 것이다. 각 경사면이 지면과 이루는 각은 θ와 2θ이다. 정답을 모두 고르시오. (단, 전동기는 경사면에 고정되어 있고, 공기 저항은 무시한다.)

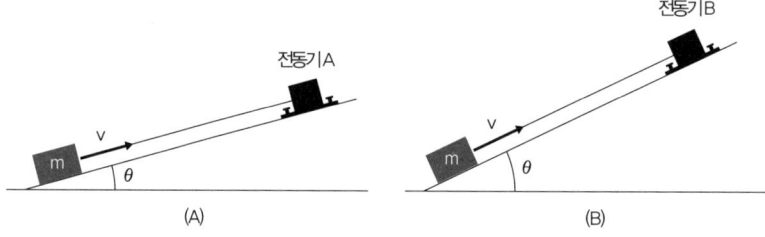

a. (A)에서 물체에 작용하는 중력의 크기는 (B)에서 작용하는 것보다 작다.
b. A가 물체에 작용하는 힘의 크기는 B가 물체에 작용하는 힘의 크기보다 작다.
c. 물체를 당기는 B의 힘은 A보다 작다.

→해답 **1.** b

Example 1 The picture (A) and (B) show the motion of an object at a constant speed v when electric motors A and B respectively pull an object whose mass is m on an inclined plane without friction. The angles between each incline plane and level surface are θ and 2θ. Choose all correct answers. (But, motors are fixed on the inclined plane and air resistance is ignored.)

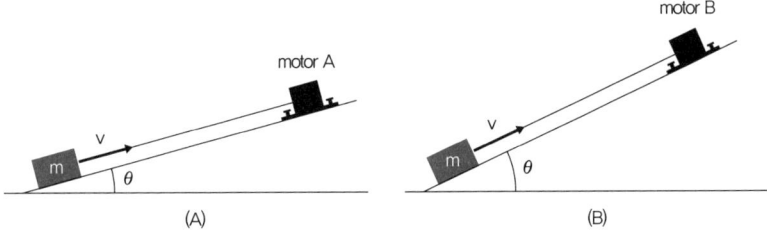

(A) (B)

a. The magnitude of gravity which acts on an object in (A) is smaller than the one in (B).
b. The magnitude of force of A that acts on an object is smaller than B's.
c. The force of B that pulls an object is smaller than A's.

rest in physics

Newton(뉴턴)과 Leibniz(라이프니츠)

라이프니츠(1646-1716)

과학과 수학 분야에서는 새로운 이론을 세웠을 때 그 이론을 '발견'했다고 말한다. 그러나 infinitesimal calculus(미적분학)의 이론이 '발견'되었을 때 사람들은 그것을 '발명'이라 부르며 찬사를 보냈다. 그만큼 infinitesimal calculus는 당시로서는 획기적인 발견이었다. infinitesimal calculus는 천재 과학자 중 한 명인 Isaac Newton(아이작 뉴턴)과 binary number system(이진법)을 고안해 컴퓨터 탄생의 씨앗을 뿌린 Gottfried Wilhelm von Leibniz(고트프리트 빌헬름 폰 라이프니츠)에 의해 발명되었다. 위대한 발명인 만큼 둘이 공동으로 발명했다고 생각할 수 있지만 실상은 다소 복잡하다. Newton은 speed(속도)와 acceleration(가속도)의 개념을 연구하는 과정에서, 그리고 Leibniz는 geometry(기하학)에서 tangent(접선)를 연구하다가 각각 infinitesimal calculus을 발명했는데, 누가 먼저 발명했는가를 두고 치열한 공방이 이어졌다.

두 사람의 공방은 둘이 영국왕립학회의 회원으로 학문적 교류를 하던 때로 거슬러 올라간다. 1676년에 Leibniz가 infinitesimal calculus을 발명할 당시 런던의 한 출판업자가 아직 출간되지 않은 Newton의 자료 일부를 Leibniz에게 보내주는데, Newton은 이로 인해 infinitesimal calculus에 관한 자신의 아이디어가 도용당했다고 주장하며 Leibniz를 원색적으로 비난했다. 반면, Leibniz는 비슷한 시기에 각자가 발명한 이론일 뿐이라며 점

잖게 응수했다. 실제로 Newton이 infinitesimal calculus을 발명한 것은 Leibniz보다 10년이나 빨랐지만, Newton은 infinitesimal calculus에 대한 논문을 발간하거나 다른 사람들에게 알려주지도 않은 채 자신의 과학 연구에만 사용했기 때문에 자신이 원조라는 것을 증명할 방법이 없었다. 이 일로 인해 영국과 유럽의 과학자들이 서로 편을 갈라 두 사람을 응원하며 교류를 중단할 정도로 사태가 악화되자 학계에서 수습에 나서게 되었다. 학계에서는 Newton이 먼저 infinitesimal calculus를 발명했지만, 많은 수학자들은 Newton과 Leibniz가 각각 독자적으로 발명했기 때문에 두 사람 모두를 발명자로 보아야 한다고 결론을 내렸다. 하지만 물리학자인 Newton의 방식보다는 수학자인 Leibniz의 방식이 더 수학적으로 잘 정리되어 있기 때문에 현대의 infinitesimal calculus은 거의 Leibniz의 기호 방식을 따르고 있다.

Roller coaster(롤러코스터)의 원리

Roller coaster는 potential energy, kinetic energy, law of inertia(관성의 법칙) 등의 원리를 이용해서 만든 놀이기구이다. Roller coaster는 fall(낙하)이 시작되는 가장 높은 starting point(시작점)까지만 electricity(전기)를 이용해 올라가고, 그 다음부터는 어떠한 external force(외부적 힘)가 제공되지 않는 상태에서 mechanical energy만으로 roller coaster의 전 구간을 운동하게 된다. 즉, starting point에서 potential energy을 얻어 운동을 시작하는데, 운동을 하는 동안 potential energy는 kinetic energy로 바뀌게 되고, 이런 과정을 반복하다 friction(마찰)으로 인해 결국 모든 energy를 모두 잃게 되는 지점이 roller coaster의 도착점이 된다.

Roller coaster의 기원은 17세기 러시아로 거슬러 올라간다. 당시 러시아 사람들은 Russian Mountain(러시아 산)이라는 별명이 붙은 얼음으로 만든 경사로를 만들어 그 위에서 썰매를 타는 놀이를 즐겼는데, 겨울 축제 기간 동안에는 높이가 20~25m, 길이가 100~150m에 달하는 Russian Mountain이 만들어지기도 했는데, 그 중에서도 압권은 St. Petersburg(상트페테르부르크)의 Russian Mountain이었다. St. Petersburg의 Russian Mountain은 목재로 만든 구조물에 약 10cm에 이르는 두꺼운 얼음판을 입혔는데, 사람들은 뒤쪽에 난 계단을 이용해 정상에 올라가서 50도에 이르는 경사면을 빠르게 내려와 맞은편의 상승면으로 올라가며 스릴을 만끽했다. Russian Mountain은 러시아의 상류층에게도 큰 인기를 끌었는데, 러시아의 황제였던 Catherine the Great(예카테리나 여제)는 자기 소유의 Russian Mountain을 몇 개나 만들 정도였다.

그 후 1817년에 얼음을 이용하지 않은 최초의 현대식 roller coaster가 파리에서 공개되었지만, 철로를 이용한 roller coaster가 발명되기까지는 이후 60년의 세월이 더 걸렸다. Father of the Gravity Ride(중력을 이용한 탈것의 아버지)라는 별명을 가진 미국의 LaMarcus Adna Thompson(라마커스 애드나 톰슨)은 1884년 뉴욕의 코니 아일랜드에 처음으로 railway(철로) 위를 달리는 roller coaster를 만들었는데, Thompson의 조그만 roller coaster는 15m 높이에서 출발하여 운동량이 없어질 때가지 시속 약 10km의 속도로 경사진 철로를 따라 달렸다. 이제 roller coaster는 amusement park(놀이공원)에서 없어서는 안 될 놀이기구가 되었는데, 현재 세계에서 가장 높은 roller coaster는 미국 뉴저지에 있는 Kingda Ka(킹다카)로서, 최고 높이가 139m, 최고 속도는 시속 206km에 달한다.

Nobel Prize(노벨상)의 유래

Nobel Prize를 제정한 Alfred Nobel(알프레드 노벨)은 스웨덴 출신의 화학자이자 발명가이다. Nobel이 발명한 dynamite(다이너마이트)는 그에게 부와 명성을 가져다 주었지만, 워낙 위험한 폭약이다 보니 그로 인해 많은 오명을

얻기도 했다. 1888년에는 Nobel의
동생이 사망했는데, 신문사에서 착각
을 한 나머지 Nobel이 죽었다는 부
고 기사를 냈다. 다음날 아침, Nobel
은 자신이 죽었다는 신문 기사를 읽고
깜짝 놀라게 되는데, '죽음의 상인,
dynamite의 왕, Alfred Nobel 사
망하다'라는 기사 제목이 그에게 더
큰 충격을 주었다. 그는 이 기사를 읽
고 Nobel Prize을 제정하기로 마음

알프레드 노벨(1833-1896)

을 먹는데, Nobel이 원래 평화주의자였기 때문에 상을 제정했다는 설도 있
지만, 그 날의 부고 기사가 Nobel의 인생을 바꿔놓은 것은 틀림없다.

　세계 최고 권위의 Nobel Prize인 만큼 제정 과정도 순탄치 않았다.
Nobel은 입이 무거웠기 때문에 죽는 순간까지 Nobel Prize에 대한 언급
을 하지 않았는데, 1896년에 그가 사망한 후에야 그의 유언장을 토대로
Nobel Prize가 제정되었다. 유언장이 발표되는 순간 그의 모국인 스웨덴은
발칵 뒤집혔고, Nobel의 가족들은 Nobel Prize를 외면했다. Nobel의 막
대한 재산이 인류를 위해 공헌한 사람들에게 쓰인다는 취지는 좋았지만, 그
로 인해 Nobel의 가족들은 막대한 상속 재산을 잃게 되었고, 스웨덴 정부 또
한 Nobel의 재산을 자국의 과학 발전에 사용하지 못하고 외국인들에게 줘
야 하는 이유가 뭐냐며 반발한 것이다. 언론 또한 폭발물을 팔아서 번 돈을 인
류 평화를 위해 쓴다며 조롱했다. 이처럼 스웨덴에서 환영을 받지 못한
Nobel Prize는 5년 간의 준비 끝에 1901년 제정되었고, 2주 후인 12월 10
일, Nobel의 사후 5주기가 되는 날에 첫 시상식이 열렸다.

4

Newton's Law of Universal Gravitation
뉴턴의 만유인력의 법칙

No being exists or can exist which is not related to space in some way. God is everywhere, created minds are somewhere, and body is in the space that it occupies; and whatever is neither everywhere nor anywhere does not exist. And hence it follows that space is an effect arising from the first existence of being, because when any being is postulated, space is postulated.

—Isaac Newton

어떤 방식으로든 공간과 관계 없는 것은 존재하지 않거나 존재할 수 없다. 조물주는 모든 곳에 존재하며, 피조물의 영혼은 어딘가에, 그리고 그의 육신은 그것이 차지하고 있는 공간에 존재한다. 모든 곳에 존재하지 않거나 그 어디에도 존재하지 않는 것이란 존재하지 않는다. 즉, 어떤 존재를 상정할 때 공간도 따라서 상정되는 것으로, 공간이란 존재의 출현의 결과물인 것이다.

—아이작 뉴턴

basic concept

만유인력의 법칙
Law of Universal Gravitation

1665년 Isaac Newton(아이작 뉴턴)은 Johannes Kepler(요하네스 케플러)가 발견한 planetary motion(행성의 운동)에 관한 3가지 법칙을 기본으로 하여 universal gravitation(만유인력)을 발견했다. 그는 사과를 나무에서 떨어뜨리는 force(힘)나 지구를 태양 주위로 돌게 하는 force가 모두 같은 종류의 force라는 것을 발견했다. 나아가 universe(우주)에 있는 모든 object(물체)들이 서로 attract(끌어당기다)한다는 사실을 발견했다. Newton은 planetary motion을 planet(행성)과 planet 사이에 작용하는 universal gravitation으로 다시 설명했다.

그의 theory(이론)에 의하면 두 object 사이에 작용하는 universal gravitation의 크기 F는 두 object의 mass(질량)인 m_1, m_2의 multiplication(곱)에 proportion(비례)하고, 두 object 사이의 distance(거리)인 r의 square(제곱)에 inverse proportion(반비례)한다. 이때 universal gravitation의 크기는 object의 종류나 object 사이의 medium(매개체)과는 무관하며, direction of force(힘의 방향)은 서로 attract하는 쪽을 향한다. 이를 Newton's law of universal gravitation(뉴턴의 만유인력의 법칙)이라고 한다.

Newton은 natural world(자연계)에서 발생하는 motion(운동)의 여러 phenomenon(현상)을 universal gravitation과 law of motion(운동법칙)에 의해 통일적으로 파악하여 체계화했다. Gravitation은 fundamental(근본적

인)한 force로서, electromagnetic force(전자기력), strong nuclear force(강력), weak nuclear force(약력) 가운데 가장 약하기 때문에 일상생활에서 material(물질)의 structure(구조)를 결정하는 데는 아무런 역할도 하지 않으나, universal gravitation의 특성은 먼 distance까지 작용하고 object가 커질수록 force가 강해진다는 특징을 가지고 있다. 따라서 gravitation은 지상에 있는 object의 motion이나 solar system(태양계) 내의 planet의 motion 등을 결정할 뿐 아니라, star(별), milky way(은하수), 더 나아가 universe(우주)에서 heavenly body(천체)의 movement(운동)를 지배하는 가장 중요한 force가 된다. 하지만 Newton's universal law of gravitation는 universal gravitation의 cause(원인)을 밝히지 못하고 hypothesis(가설)만을 제시했다는 약점을 안고 있다.

그후 1915년이 되자 Albert Einstein(알버트 아인슈타인)이 general theory of relativity(일반상대성이론)를 발표하는데, 이 theory는 universal gravitation이 mass의 existence(존재)에 의한 four-dimensional(사차원의) Riemann space(리만공간)의 변형에 기인하는 것이라고 설명한다. 즉 universal gravitation을 mass를 가진 object 주위에 생기는 space의 contortion(뒤틀림)으로 파악한 것이다. 이로써 universal gravitation의 원인을 설명할 수 있게 되었다. Einstein의 theory는 perihelion precession of Mercury(수성의 근일점 이동), sun(태양)에 의한 light curve of a star(별빛의 휨) 등 몇 가지 astrology(천문학) 상의 observation(관측) 사실을 설명함으로써 가장 믿을 만한 theory로 인정받게 되었다.

reading physics

　　　뉴턴의 머리 위로 떨어진 사과가 만유인력의 법칙이 탄생하게 된 계기가 되었다는 이야기는 실제 사실보다 과장된 내용이다. 뉴턴이 나무에 달려 있는 사과를 관찰하던 중, 사과의 속력은 0이지만 그런 사과에 가속도가 붙는다는 생각을 하기 시작했다는 것이 보다 정확한 이야기이다. 그는 어떤 힘이 이러한 현상을 일으킬지를 생각해 보았고, 결국 이러한 생각을 통해 이제는 중력이라고 알려진 이론을 내놓게 된 것이었다.

　뉴턴은 우주의 모든 물체는 서로에게 인력을 가한다는 결론에 이르렀다. 그는 자신의 만유인력의 법칙에서 "우주의 모든 물체는 서로를 잡아당기는데, 이 힘은 두 물체를 연결하는 중심선을 향하며 두 물체의 질량의 곱에 비례하고(proportional to), 두 물체 사이의 거리의 제곱에 반비례한다(inversely proportional to)"고 말했다.

　이 법칙은 다음과 같은 공식으로 나타낼 수 있다.

$$F = G \frac{m_1 m_2}{r^2}$$

F = 중력 (뉴턴: 힘을 나타내는 국제 단위)
m_1과 m_2 = 두 물체의 질량 (kg)
r = 두 물체 사이의 거리 (m)
G = 만유인력의 상수 6.674×10^{-11}

케플러의 행성운동법칙

　천문학에서 요하네스 케플러는 "행성들은 태양 주위를 공전하며, 모든 행성의 궤도는 태양에 대해 타원형이다"라고 말했다. 그는 1609년에 첫 번째 두 법칙을 발표했으며, 여러 해 뒤에는 세 번째 법칙을 발견하여 1619년에

The story of an apple falling on Newton's head as the foundation of the law of universal gravitation is an exaggerated version of what actually happened. The more accurate version of events is that while observing an apple hanging on a tree Newton began to think about the idea of an apple being accelerated even though it has zero velocity. He thought about what force may cause this phenomenon, which led him to come up with the theory of what is now known as gravity.

Newton came to the conclusion that all objects in the universe exert gravitational attraction on each other. In his law of universal gravitation he stated that "Every object in the universe attracts every object with a force directed along the line of center for the two objects that are proportional to the product of their masses and inversely proportional to the square of the separation between the two objects."

This can be expressed with the formula:

$$F = G\frac{m_1 m_2}{r^2}$$

F= gravitational force (in Newton)
m_1 and m_2 = masses of the 2 objects (in kg)
r= separation between the objects (in m)
G= universal gravitational constant 6.674×10^{-11}

요하네스 케플러(1571-1630)

발표했다. 타원 궤도와 행성의 공전 속도의 차이에 관한 그의 법칙과 법칙에서 이끌어낸 결론들은 아리스토텔레스나 프톨레마이오스와 같은 다른 유명한 과학자들이 만든 이전의 기하학적 모델에 도전을 제기했다.

이와 더불어, 케플러는 "태양이 태양계의 중심에 있다"고 주장한 코페르니쿠스의 '지동설' 또는 '코페르니쿠스 학설'을 지지했는데, 갈릴레오는 자신의 망원경으로 달을 관찰하고, 금성과 목성의 위성들의 위상을 관찰함으로써 코페르니쿠스의 이같은 이론을 증명했다. 약 80년이 지난 후 뉴턴은 태양계의 운동을 놓고 보았을 때도 케플러의 법칙이 성립한다는 것을 증명했다. 1738년 케플러의 법칙은 뉴턴의 이론과 함께 발표되었으며, 현대 천문학과 물리학의 일부 기초가 된 것으로 인정된다.

제1 법칙 (타원궤도의 법칙)

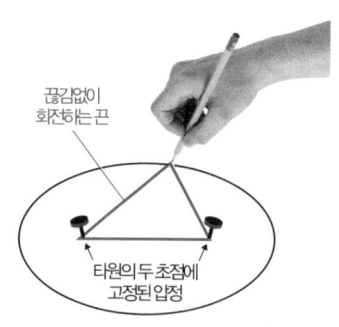

끊김없이 회전하는 끈

타원의 두 초점에 고정된 압정

행성의 운동에 관한 케플러의 제1법칙은 "모든 행성은 태양을 하나의 초점으로 둔 타원 궤도를 그린다"고 말하고 있다. 이 법칙에서 케플러는 타원을 두 초점으로부터의 거리의 합이 일정한 특수한 수학적 모양이라고 규정했다. 또한 그는 태양은 타원의 두 초점 중 하나의 초점이지, 타원의 중심은 아니라고 말했다.

Kepler's laws of planetary motion

In Astronomy, Johannes Kepler stated that "planets revolve around the sun and that the orbit of every planet is an ellipse with the sun." He published his first two laws in 1609 and discovered third law many years later, publishing it in 1619. His law and the conclusions drawn from it regarding the elliptical orbits and the difference of the revolutionary speed of the planets challenged the previously held geometric models made by other famous scientists like Aristotle and Ptolemy.

Along with this, he supported Copernicus Heliocentric Theory or the Copernican System which states that "The Sun is the center of the Solar System" which had been proved by Galileo through his observation of the moon under his telescope, as well as his observation of the phases of the planet Venus and the moons of Jupiter. After around eight decades, Newton proved that Kepler's law held true when compared to the motion of the Solar System. In 1738, Kepler's law together with Newton's theories was published and is considered to be part of the foundation of modern astronomy and physics.

first law (law of ellipses)

Kepler's first law, regarding planetary motion states that "The planets follow elliptical orbit patterns with the Sun at one of the foci." In this law, he defined that an ellipse is a special mathematical shape where the sum of the distances from two foci is constant. He also noted that the Sun is one of the focal

제2법칙(면적속도 일정의 법칙)

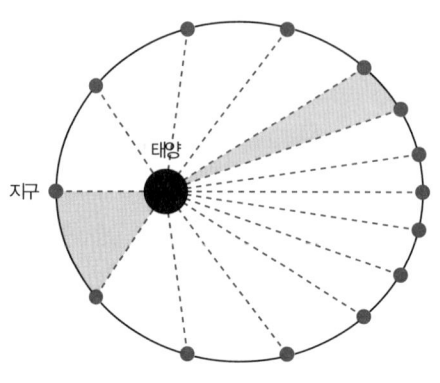

케플러의 행성운동에 관한 두 번째 법칙인 '면적속도 일정의 법칙'은 "태양에서 행성들을 연결하는 가상의 선은 동일한 간격의 시간에 동일한 면적을 휩쓸고 지나간다"고 말한다. 이 법칙은 또한 우주 공간에서 행성들의 속도가 일정하게 변화한다는 것을 나타낸다.

이 법칙에 따르면, 행성은 근일점일 때(when it is closest to the Sun) 가장 빠르고 원일점일 때(when it is farthest) 가장 느리다.

제3법칙(조화의 법칙)

조화의 법칙으로 알려져 있는 제3법칙은 1619년에 케플러 본인에 의해 발표되었다. 이 법칙은 "행성의 공전주기의 제곱은 태양으로부터의 평균 거리의 세제곱에 정비례한다"고 설명한다. 또한 이 법칙은 어떤 행성의 공전주기와 공전궤도의 반지름을 다른 행성들의 그것들과 비교하고 있다. 간단히 말하자면, 이 법칙은 행성들의 운동의 특징을 설명하고 있다. 또한 이 법칙은 태양 주위를 공전하는 행성의 공전주기와 태양에서 그 행성까지의 거리를 정확히 설명하고 있으며, 달과 같은 위성들의 비율까지도 설명할 수 있다.

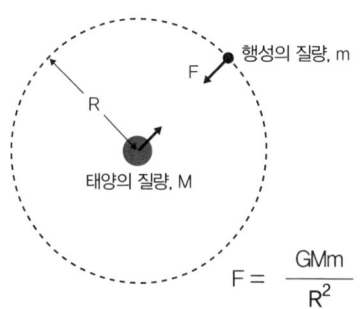

points (foci) and not the center of the ellipse.

second law (law of equal areas)

Kepler's second law of planetary motion, the Law of Equal Areas, states that "The line imaginary from the Sun to the planets sweeps out equal areas in equal intervals of time." It also describes the constant change in speed of planets throughout the space. According to this law, a planet moves fastest when it is closest to the Sun and slowest when it is farthest.

third law (law of harmonies)

The third of law, also known as the law of harmonies, was published by Kepler in 1619. It explains that "The ratio of the squares of the orbital period of a planet is directly proportional to the cube of the average distance from the Sun." This law also compares the orbital period and radius of the orbit of a planet to those of the other planets. Put simply, this law explains the motion characteristics of the planets. It also provides an accurate explanation of the period and distance of a planet's orbit around the Sun and can also describe the ratio of any satellites, such as the moon.

Newton's concept of gravity

Using Kepler's first and second laws, Newton proposed an explanation for the acceleration of planets. He stated that "The

뉴턴의 중력 개념

뉴턴은 케플러의 제1법칙과 제2법칙을 이용하여 행성의 가속도에 관한 설명을 제시했다. 그는 "태양을 향한 가속도의 방향과 이 가속도의 크기는 태양으로부터의 거리의 제곱에 반비례한다"고 말했다. 달의 가속도와 지구상의 어떤 한 물체의 가속도를 비교한 결과, 뉴턴은 "달은 중력 때문에 원궤도를 그리며 돈다"라는 결론을 내렸는데, 여기서 중력은 두 물체의 중심 사이의 거리에 반비례한다(inversely dependent upon). 케플러의 조화의 법칙은 공전궤도의 반지름평균의 세제곱(R^3)에 대한 공전주기의 제곱의 비율(T^2)이 모든 행성들에게 적용되는 K의 값과 같다고 주장한다. 공전하는 행성들의 평균인 K는 다음과 같은 방정식을 통해 나타낼 수 있다.

$$K = 2.97472505 \times 10^{-19} s^2 m^{-3} = (T^2)/(R^3)$$

direction of the acceleration towards the Sun and the magnitude of the said acceleration are inversely proportional to the square of the distance from the Sun." From his comparison of the acceleration of the moon to that of an object on Earth he concluded that "The moon is held in a circular orbit by the force of gravity." In which gravitational force is inversely dependent upon the distance between the two objects center. Kepler's law of harmonies suggested that the ratio of the period of orbit squared (T^2) to the mean radius of orbit cubed (R^3) is the same as the value of K for all the planets.

The average ratio of orbiting planets (K) is expressed using this equation:

$$K = 2.97472505 \times 10^{-19} s^2 m^{-3} = (T^2)/(R^3)$$

problem solving

문제1 그림 (A)는 위성 A가 행성의 주위를 반지름 R인 원궤도를 따라 공전하는 것을 나타낸 것이고, 그림 (B)는 위성 B가 행성의 주위를 긴 반지름 R인 타원궤도를 따라 공전하는 것을 나타낸 것이다. 정답을 모두 고르시오.

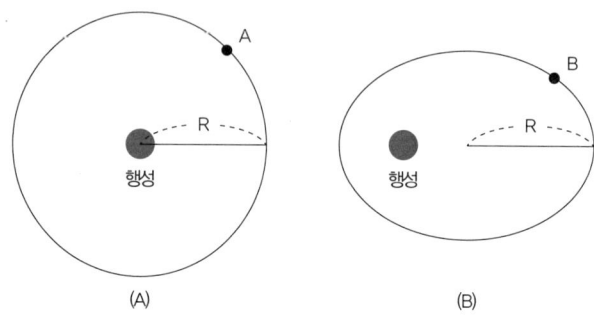

(A)   (B)

a. A와 B에 작용하는 행성의 만유인력의 크기는 일정하다.
b. A와 B의 공전 주기는 같다.
c. A와 B의 역학적 에너지는 일정하다.

➡ 해답 **1.** b, c

Example 1 The picture (A) shows that a satellite A is revolving around the radius R of the planet which is circular orbit and the picture (B) shows that a satellite B is revolving around long radius R of the planet which is elliptical orbit. Choose all correct answers.

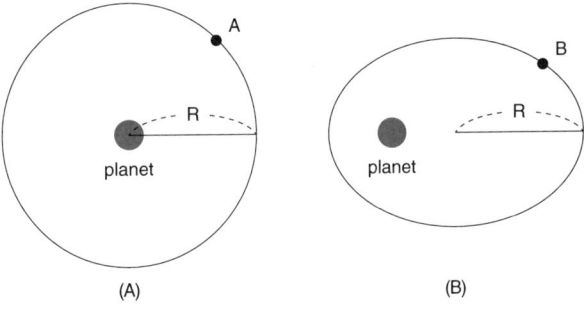

(A) (B)

a. The magnitude of planet's universal gravitation acting on both A and B is constant.
b. The revolution period of both A and B are the same.
c. The mechanical energies of A and B are constant.

rest in physics

Brahe(브라헤)와 Kepler(케플러)

티코 브라헤(1546-1601)

　　　　Tycho Brahe(티코 브라헤)는 덴마크의 귀족 출신으로 성격이 오만하고 괴팍했다. 대학 시절에는 동료와 mathematics(수학) 문제로 말다툼을 하다가 결투를 벌였고 그 결과 코끝의 일부분이 잘리는 사건도 있었다고 한다. 이런 그의 마음을 사로잡은 것은 당시에는 생소한 학문이었던 astronomy였다. 그는 1560년에 solar eclipse(일식)를 보게 되면서 astronomy에 큰 관심을 갖게 되었고, 비록 가족들의 성화로 대학에서 법학을 전공하지만 법학보다는 astronomy와 mathematics를 독학하기 시작한다. 대학 졸업 후 astronomer(천문학자)의 길을 걷기 시작한 Brahe는 1576년 덴마크 국왕인 King Frederick II(프레더릭 2세)의 후원 아래 Hven(벤) 섬에 당시 최고의 시설을 갖춘 astronomical observatory(천문대)를 세운다. 그런데 놀라운 것은 그가 이 astronomical observatory에서 기록한 모든 천문 관측들이 그의 육안으로 이루어졌으며, 그 관측치들이 매우 정확하다는 사실이다.

　천문 관측에 천재적인 재능을 가진 Brahe였지만 그는 관측한 자료를 수학적으로 풀어내는 능력이 부족했다. 그래서 Brahe는 함께 일할 조수를 찾았는데, 그 조수가 Johannes Kepler이다. Kepler는 가난한 집안 출신에 시력이 좋지 못했지만 수학적 재능이 뛰어났다. 둘은 astronomy라는 이름 아래 서로의 단점을 채워주는 스승과 제자가 되었고, Kepler는 Brahe가 관측한 자료들을 토대로 law of ellipses(타원궤도의 법칙)과 law of equal areas(면적속도 일정의 법칙)을 수립하고 1609년에는 《Astronomia Nova》(신천문학)라는 연구집을 발표한다. 그리고 1619년에는 law of harmonies(조화의 법칙)이 수록된 《Harmonices Mundi》(우주의 조화)라는 책을 출간하게 된다. 그리고 이와 같은 Kepler's laws of planetary motion(케플러의 행성운동법칙)은 훗날 Newton의 law of universal gravitation의 토대가 된다.

Theory(이론)와 Law(법칙)의 차이

우리는 일상생활에서 theory나 law와 같은 단어를 자주 사용한다. 특히 mathematics나 science(과학) 분야에서 theory와 law는 우리 머리를 아프게 할 정도로 많이 사용된다. 그렇다면 도대체 무엇이 theory이고 무엇이 law일까? 사람들은 theory는 증명되지 않은 주장이고, law는 증명된 주장이라고 생각하기 쉽다. 그러나 좀 더 깊이 생각해 보면 이런 생각이 틀렸다는 것을 알 수 있다. 그 전에 먼저 hypothesis는 무엇인지 생각해 보자. hypothesis란 옳을 것으로 추정되는 가정으로서 어떤 현상을 설명한다. 예를 들어, 혜성이 지구와 충돌했다는 hypothesis는 하나의 가정이며, 공룡이 멸종한 현상을 설명해준다. Hypothesis와 마찬가지로 law도 옳을 것으로 추정되는 가정이지만 law와 hypothesis에는 차이점이 있다. Law는 일반 proposi-tion(명제)의 형태로만 표현되지만, hypothesis은 일반 proposition뿐만 아니라 특수 proposition로도 표현된다는 점이다. 예를 들어, 혜성이 지구와 충돌했다는 hypothesis는 혜성이라는 하나의 사건에 대한 주장이므로 특수 proposition인 반면, law of universal gravitation(만유인력의 법칙)은 질량을 가진 모든 물체에 대한 주장이므로 일반 proposition이다. 그리고 law는 가정에 대한 당위성을 입증할 증거가 많아야 한다.

Law와 theory의 차이는 바로 proposition의 수이다. Law는 단일

proposition로 이루어진 반면, theory는 여러 proposition들로 구성되어 있다. 예를 들어, special theory of relativity(특수상대성이론)는 'light(빛)'의 speed는 1초당 30만km로 일정하다, light보다 빠른 것은 없다, 그리고 E=mc²'라고 하는 세 개의 proposition으로 구성되어 있다. 그런데 이 세 개의 proposition은 모두 당위성을 가진 law이다. 따라서 mathematics나 science에서 사용되는 theory들은 증명되지 않은 hypothesis가 아니라 law와 같이 증명된 주장이다.

과학의 기초를 마련한 Coffee House(커피하우스)

1600년대에 유럽에 전해진 coffee는 유럽인들을 사로잡았다. Beethoven(베토벤)은 "Coffee를 빼놓고는 그 어떤 것도 좋을 수가 없다"면서 "한 잔의 coffee를 만드는 원두는 나에게 60여 가지의 좋은 아이디어를 가르쳐준다"고 극찬했다. 그리고 Napoleon(나폴레옹)은 "Coffee는 나에게 온기를 주고 특이한 힘과 기쁨과 쾌락이 동반된 고통을 불러일으킨다"고 말했다고 한다. 이처럼 위대한 역사적 인물들을 사로잡았던 coffee는 유럽 각지에 수천 개의 coffee house가 문을 열면서 급속도로 유행하게 되었다.

초기의 coffee house는 남성들에게만 출입이 허용된 일종의 남성 사교클럽이었다. 남성들은 coffee house에서 coffee를 마시며 교역과 정치 활동, 그리고 사교와 문학에 관해 자유롭게 의견과 정보를 교환했으며, 장시간 동안 다양한 주제로 토론하고 그 토론을 경청할 수 있었기 때문에 coffee house는 Penny University(페니대학)라 불리기도 했다. 몇 penny(페니)짜리 저렴한 커피를 사면 다닐 수 있는 대학교라는 뜻이었다. 하지만 coffee house 출입이 금지된 주부들은 남편의 coffee house 중독을 참을 수 없었고, 지나친 coffee가 성생활에 지장을 초래하기 때문에 남편의 coffee house 출입을 금지해 달라는 내용의 Women's Petition Against Coffee(커피에 반대하는 여성의 청원서)를 제출하기도 했다. 남성들은 이에 The Men's Answer to the Petition Against Coffee(커피를 반대하는 청원서에 대한 남성들의 답변)라는 성명서로 대응했고 주부들의 호소는 무위로 돌아가게 되었다.

 Coffee house는 이처럼 남녀 간의 갈등을 유발했지만, 결과적으로는 유명한 Royal Society(영국왕립학회)의 모태가 되었다. Newton, Robert Boyle(로버트 보일), Robert Hooke(로버트 훅) 등 당대의 쟁쟁한 과학자들은 coffee house에서 만나 대화와 논쟁을 나누었는데, 그 결과 1660년 영국 런던에서 Royal Society가 설립되었고, Royal Society 회원들의 연구 발표는 근대 과학의 기초를 마련했다.

5

Special Theory of Relativity
특수상대성이론

If my theory of relativity is proven correct, Germany will claim me as a German and France will declare that I am a citizen of the world. Should my theory prove untrue, France will say that I am a German and Germany will declare that I am a Jew.

—Albert Einstein

나의 상대성 이론이 옳다고 증명된다면, 독일은 나를 독일인으로 주장할 것이고 프랑스는 나를 세계의 시민으로 선포할 것이다. 그러나 옳지 않다고 증명되면 프랑스는 나를 독일인이라고 말하고 독일은 나를 유대인이라고 말할 것이다.

—알버트 아인슈타인

basic concept

특수상대성이론의 의미
Meaning of Special Theory of Relativity

우리는 일상생활 속에서 theory of relativity(상대성이론)의 영향을 받으며 살고 있다. 예를 들어 자동차의 navigation system(내비게이션)은 artificial satellite(인공위성)에서 signal(신호)을 받아 차량의 위치를 계산한다. 이때 중요한 것은 time(시간)인데, artificial satellite의 time이 지구상의 time보다 느리게 가기 때문에 theory of relativity를 이용하여 느리게 가는 time을 수시로 조정하지 않으면 artificial satellite의 time은 지구의 time보다 항상 늦어지게 된다.

Laws of physics(물리법칙)는 physical quantity(물리량) 사이의 관계를 나타낸다. 다시 말하면, laws of physics가 있기 위해서는 physical quantity가 있어야 한다. 어떤 quantity가 physical quantity가 되기 위해서는 objective(객관적인)한 측정 방법이 제시되어야 한다. 두 가지 다른 state(상태)가 physically(물리적으로) 동등하다는 것은 두 state에서 측정한 physical quantity 사이의 관계를 나타내는 laws of physics가 같다는 뜻이다. 이런 principle(원리)을 principle of relativity(상대성원리)라고 한다. Principle of relativity를 바탕으로 Galilean relativity(갈릴레이 상대론)가 성립되었고, 이것이 Newtonian dynamics(뉴턴 역학)의 기본이 되었다. Galilean relativity는 정지한 state에서 측정한 laws of physics와 달리면서 측정한 laws of physics가 같을 뿐만 아니라 physical quantity도 같아야 한다고 했다. Galilean relativity에 의하면 측정하는 사람의 state에 따라 달라지는

physical quantity는 velocity(속력) 뿐이어야 한다. 달리는 자동차에서 측정한 기차의 speed(속도)와 서 있는 사람이 측정한 기차의 speed가 다르다는 것은 우리 모두가 잘 알고 있는 사실이다. 측정하는 사람의 state에 따라 velocity가 달라지는 것은, speed가 상대방과의 거리의 변화를 나타내는 physical quantity이기 때문이다.

한편 1905년에 Albert Einstein(알버트 아인슈타인)이 발표한 special theory of relativity는 기존의 dynamics(역학)의 체계를 뒤흔드는 혁명적인 theory였고, time과 space에 대한 우리의 이해를 새롭게 해준 사건이었다. Einstein은 정지해 있거나 이동하는 observer(관측자) 모두에게 같은 laws of physics가 성립되어야 한다는 principle of relativity을 받아들였다. 그리고 speed of light(빛의 속도)는 불변하고 누구에게나 항상 같은 value(값)로 측정된다는 principle을 받아들였다. 이것이 바로 principle of constancy of lightspeed(광속도 불변의 원리)이다. 그리고 이 두 가지 principle이 사실이 되기 위해서는 서로 다른 inertial system(관성계)에서 측정한 physical quantity가 달라야 한다고 주장했다. 즉, 모든 inertial system에서 같은 laws of physics가 성립되고 speed of light가 일정하기 위해서는 서로 다른 state of motion(운동 상태)에 있는 observer가 측정한 physical quantity가 달라야 한다는 것이다. 또한 special theory of relativity에 의하면 velocity가 빨라지면 mass(질량)가 증가해야 한다. 따라서 object에 가해진 energy(에너지)의 일부는 velocity를 빠르게 하는데 사용되지만 일부는 mass를 증가시키는 데 사용된다. 다시 말해, energy가 mass로 변환될 수 있다는 것이다. 그래야 다른 state에 있는 두 observer에게 똑같이 law of conservation of momentum(운동량 보존법칙)이 성립될 수 있기 때문이다. Mass와 energy사이의 이런 관계를 나타내는 것이 우리가 잘 알고 있는 $E=mc^2$이라는 공식이다.

reading physics

상대성이론은 물리학자인 알버트 아인슈타인이 20세기 초에 제안했다. 그것은 우리 시대의 가장 중요한 발전 중 하나였다. 상대성이라는 개념은 아인슈타인에 의해 도입된 것은 아니지만, 진공 상태에서 빛의 속도는 일정하고 운동의 절대적인 물리적 경계가 된다는 사실을 인식했다는 점은 그의 주된 공로였다.

1905년에 알버트 아인슈타인은 특수상대성이론을 발표했는데, 이 이론은 서로 다른 관성계 사이의 운동을 어떻게 해석할 것인가를 설명한다. 여기서 관성계란 서로 같은 속도로(at constant speeds) 이동하는 공간을 의미한다.

특수상대성이론의 원리

아인슈타인의 이론은 기준틀이라는 개념에 근거하고 있다(is based on). 기준틀이라는 것은 간단히 말하자면 관측자가 서 있는 지점이다. 버스 정류장에서 버스를 기다리고 있는 사람은 지구가 축을 중심으로 자전하며(revolving on its axis) 태양의 주위를 공전하고 있음에도 불구하고 자신은 정지해 있는 것처럼 느낀다. 특수상대성이론의 법칙에 따르면 우리가 살고 있는 우주에는 절대적인 기준틀 같은 것은 없다. 모든 것은 움직이고 있으며, 모든 운동은 상대적이기 때문이다. 버스를 기다리고 있는 사람 역시 움직이고 있다. 정지된 물체와 같은 것은 없다. 그러한 이유로, 만약 조가 존에게 달려가고 있다면, 그것은 두 가지 관점으로 볼 수 있을 것이다. 조의 관점에서 보면 존이 자신에게 달려오고 있고, 존의 관점에서 보면 조가 자신에게로 달려오고 있는 것이다. 조와 존 모두 자신의 기준틀에서 행동을 관찰할 권리가 있다. 모든 운동은 당신의 기준틀에 따라 상대적인 것이다.

특수상대성이론은 두 가지를 가정한다.

첫 번째 가정은, 물리학의 법칙들은 모든 기준틀에서 유효하다(hold true)는

The theory of relativity was proposed by physicist Albert Einstein in the early part of the 20th century. It was one of the most significant advances of our time. Although the concept of relativity was not introduced by Einstein, his major contribution was the recognition that the speed of light in a vacuum is constant and an absolute physical boundary for motion.

In 1905, Albert Einstein published the theory of special relativity, which explains how to interpret motion between different inertial frames of reference—that is, places that are moving at constant speeds relative to each other.

Principle of Special Theory of Relativity

Einstein's theory is based on the idea of reference frames. A reference frame is simply the point where a person or observer happens to be standing. A person waiting for a bus at a bus stop feels like he is stationary even though the Earth is revolving on its axis and orbiting around the sun. According to the law of the special theory of relativity, there is no such thing as an absolute frame of reference in our universe. This is because everything is moving and all motion is relative. The person waiting for the bus is still in motion. There is no such thing as a stationary object. For that reason, if Joe runs toward John, it could be viewed in two ways. From Joe's perspective, John is running toward Joe. From John's perspective, Joe is running towards John. Both Joe and John

것이다. 심지어 관성(등속도)의 기준틀에서 움직이는 물체에 대해서도 물리학의 법칙은 변하지 않는다.

특수상대성이론의 두 번째 가정은, 빛의 속도는 모든 기준틀에서 동일하게 측정된다는 것을 말하고 있다. 물리학 법칙들은 모든 기준틀에 동일하게 적용되기 때문에 빛(전자기복사) 또한 그 틀에 관계없이 동일한 속도로 이동해야 한다. 어떤 사람이 비행기를 타고 하늘을 날고 있든지 소파에 앉아 있든지 간에, 광속은 두 상황 모두에서 동일한 값으로 측정될 것이다. 우리가 세상에서 다루는 대부분의 물체들은 모두 제 속도를 더하기 때문에 이는 매우 뜻밖의 사실이다.

빛의 속도

장 푸코(1819-1968)

빛의 속도는 공기, 물, 유리 등의 투명한 매체를 통과하면서 줄어들게 된다. 빛은 각각 다른 매체에서 각각 다른 속도로 감속한다. 매체의 종류에 따라 빛이 감속하는 비율을 굴절률이라고 한다. 굴절률은 항상 1보다 큰 값을 가진다. 이것은 1850년에 장 푸코가 발견했다.

사람들이 일반적인 의미에서 '빛의 속도'라고 말하는 것은 진공 상태에서 빛의 속도를 의미한다. 이 값은 c라고 쓰기도 한다. 진공 상태에서 빛의 속도는 모든 관찰자들의 상대적인 움직임이나 광원의 움직임과는 관계없이 동일한 값을 가진다.

빛의 속도가 일정하다는 것은 상대성이론의 기본 가정이다. 이 가정은 두 가지로 분리하여 생각해 볼 수 있다. 먼저 빛의 속도는 관찰자의 운동과는 별개이다. 둘째로, 빛의 속도는 시간이나 장소에 따라 달라지지 않는다.

have the right to observe the action from their respective frames of reference. All motion is relative to your frame of reference.

The theory of special relativity has two postulates.

The first postulate states that the laws of physics hold true for all frames of reference. The laws of physics do not change, even for objects moving in inertial (constant speed) frames of reference.

The second postulate of the special theory of relativity states that the speed of light is measured as constant in all frames of reference. Since the laws of physics apply equally to all frames of reference, then light (electromagnetic radiation) must travel at the same speed regardless of the frame. Regardless of whether a person is flying in an airplane or sitting on the couch, the speed of light would be measured the same in both situations. This is unexpected, because most physical objects that we deal with in the world add their speeds together.

Speed of Light

The speed of light is slowed down as it passes through transparent mediums such as air, water and glass. Light is slowed at a different rate in different mediums. The ratio by which light is slowed in different mediums is called the refractive index. The refractive index is always greater than one. This was discovered by Jean Foucault in 1850.

When people talk about "the speed of light" in a general context, they are usually referring to the speed of light in a vacuum. This quantity is also referred to as c. The speed of light in a vacuum is the same for all observers, regardless of their relative

특수상대성 현상

로렌츠 변환을 발견한 헨드릭 로렌츠
(1853–1928)

특수상대성은 기준틀과 관련이 있기 때문에 한 기준틀을 다른 기준틀과 비교하여 분석하기 위해서는 로렌츠 변환이 필요하다. 로렌츠 변환은 한 좌표계의 데이터를 다른 좌표계의 데이터로 변환해 주는 수학 방정식이다. 로렌츠 변환은 한 기준틀의 길이나 시간을 다른 기준틀의 그것으로 바꾸게 해준다.

시간지연은 서로 다른 기준틀에 따라 시간이 변하는 것을 말한다. 시간은 실제로는 운동을 하게 되면 느려지는데, 이는 거의 광속에 근접한 속도에서나 관측할 수 있다. 속도가 광속에 이르게 되면 시간은 점차 느려져 결국 멈추게 된다(slows to a stop). 다시 말하면, 운동 상태에 있지 않은 독립적인 관측자가 시간을 측정할 때만 이러한 시간의 감속을 알아차릴 수 있다는 것이다. 우리 일상의 운동은 빛의 속도에 조금이나마 가까운 그 어떤 것에도 접근하지 못하기 때문에 우리는 시간지연을 전혀 알아채지 못하지만, 그것은 존재한다.

동시성의 상대성에 따르면, 서로 다른 기준틀에서 관찰된 두 사건 사이에 동시성 같은 것은 없다. 조가 자신의 기준틀에서 동시에 발생하는 두 개의 사건을 볼 수 있다고 하더라도, 조에게로 움직이고 있는 존에게는 동시에 일어나고 있는 사건들이 보이지 않을 것이다.

(질량을 가진) 어떤 한 물체가 운동 상태에 있다고 할 때, 그것의 측정된 길이는 물체의 운동 방향으로 수축한다. 이 물체가 광속에 도달하면, 그 측정된 길이는 0으로 수축한다(shrinks to nothing). 이 물체와는 다른 기준틀에 있는 관찰자만이 수축을 감지할 수 있는데, 이때 물체가 기준틀 내에 있는 한 그 크기는 변하지 않는다. 이러한 현상을 길이의 수축이라고 부른다.

속력의 구성에 따르면, 속력과 속도는 단순히 '증가'하는 것이 아니라 관측

motion or of the motion of the source of the light.

It is a basic postulate of the theory of relativity that the speed of light is constant. This can be broken down into two parts: First, the speed of light is independent of the motion of the observer. Second, the speed of light does not vary with time or place.

Special Relativity Phenomenon

Because special relativity deals with frames of reference, the Lorentz transformations are needed to analyze one frame in relation to another. The Lorentz transformations are mathematical equations that allow us to transform data from one coordinate system to another. They allow us to convert length and time from one frame of reference to another.

Time dilation refers to the changes in time with different frames of reference. Time actually slows with motion but it only becomes apparent at speeds close to the speed of light. If the speed reaches that of light, time slows to a stop. Again, only an independent observer that is not in motion with the time being measured would notice this slowing of time. Since our everyday motion does not approach anything remotely close to the speed of light, the dilation is completely unnoticed by us, but it is there.

Relativity of simultaneity states that there is no such thing as simultaneity between two events when viewed in different frames of reference. If Joe sees two events happening at the same time from his frame of reference, John, who is moving with respect to Joe, will not see the events occur at the same time.

When an object (with mass) is in motion, its measured length

자의 기준에 따라 '감소'하기도 한다.

  토머스 세차운동에 의하면 물체의 방향성은 관측자에 따라 달라질 수 있다고 한다. 또한 물체의 속도가 광속에 접근할수록, 이 물체의 상대론적 질량은 커지게 된다. 오직 외부의 관측자만이 이러한 질량 변화를 관측할 수 있다.

  유명한 방정식인 $E=mc^2$는 매우 적은 질량을 가진 계(系)라 할지라도 엄청난 양의 에너지를 방출할 가능성이 있다는 것을 말해 준다. 이것이 질량과 에너지의 등가의 개념이다. $E=mc^2$에서 c^2는 엄청나게 큰 수이다. 핵분열에서 하나의 원자는 쪼개져 두 개의 원자를 형성한다. 이와 동시에 중성자가 방출된다. 새로운 두 원자의 질량과 중성자의 질량의 합은 원래 원자의 질량보다 작다. 이것은 질량의 일부분이 열 혹은 운동에너지의 형태로 전환되어 방출되기 때문이다. 아인슈타인의 방정식 $E=mc^2$는 바로 이 에너지 방출을 정확하게 예측한다.

shrinks in the direction of its motion. If the object reaches the speed of light, its measured length shrinks to nothing. Only a person that is in a different frame of reference to the object would be able to detect the shrinking - as far as the object is concerned, within its frame of reference, its size remains the same. This phenomenon is referred to as length contraction.

According to composition of velocities, velocities and speeds do not simply 'add' but may 'decreases' depending on the reference of the observer.

Thomas precession states that the orientation of an object may be different for different observers. Also, the relativistic mass of an object increases as its speed approaches the speed of light. This change in mass will be measurable only by an outside observer.

The famous equation $E=mc^2$ tells us that a system with very little mass has the potential to release a phenomenal amount of energy. This is the concept of equivalence of mass and energy. In $E=mc^2$, c^2 is an enormous number. In nuclear fission, an atom splits to form two more atoms. At the same time, a neutron is released. The sum of the new atoms' masses and the neutron's mass are less than the mass of the initial atom. This is because a portion of the mass is converted and released in the form of heat, or kinetic energy. This energy release is exactly what Einstein's $E=mc^2$ predicts.

problem solving

문제1 그림은 뢰머가 빛의 속도를 측정한 원리를 나타낸 것이다. 뢰머는 목성의 위성 중 하나인 이오의 월식이 일어나는 시간을 측정하여 빛의 속도를 구할 수 있었는데, 지구의 위치에 따라 최대 22분의 차이가 났다. 정답으로 옳은 것을 모두 고르시오.

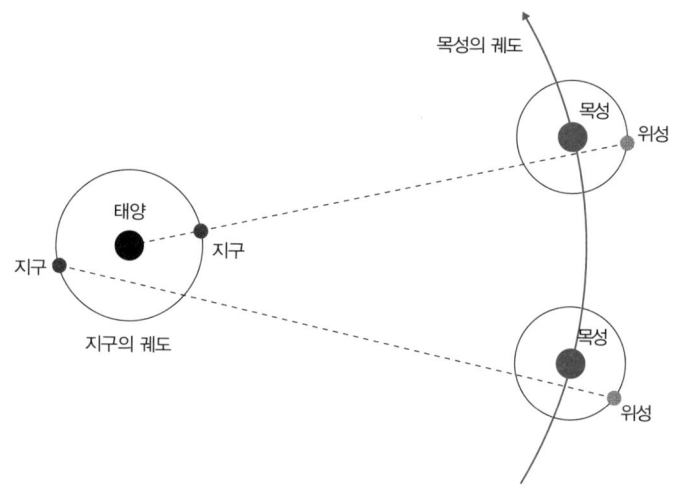

a. 이오의 공전 주기는 지구의 위치에 따라 달라진다.
b. 빛이 지구의 공전 궤도 지름을 통과하는 시간은 22분이다.
c. 지구가 목성에 가까이 있을 때 이오의 월식은 예정보다 10분 일찍 관측된다.

Example 1 The picture shows the principle of how Rømer measured the speed of light. Rømer could measure the speed of light by discovering eclipse time of Io, one of Jupiter's satellites, has difference of 22 minutes at the greatest depending on Earth's location. Choose all correct answers.

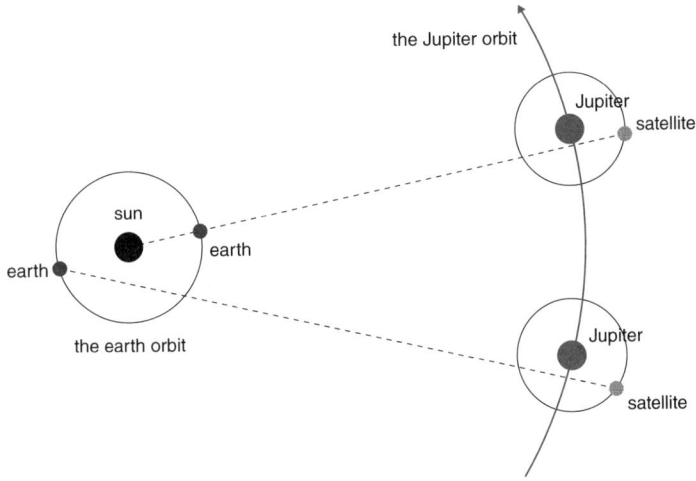

a. The revolution period of Io depends on the location of the earth.
b. Time that the light passes the diameter of earth's orbit of revolution is 22 minutes.
c. The eclipse of Io can be observed 10 minutes earlier than its expectation when the earth is close to Jupiter.

문제2 그림은 에테르의 존재를 증명하기 위해 실행한 마이컬슨-몰리 실험 장치를 간단히 나타낸 것이다. 정답으로 옳은 것을 모두 고르시오.

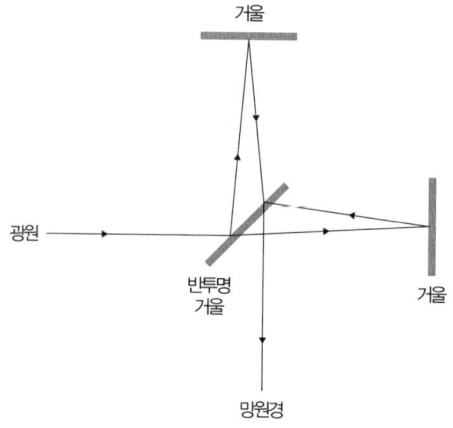

a. 에테르의 이동 방향에 따라 빛의 속도가 다르다고 가정하고 있다.
b. 실험 결과 빛을 전달하는 매질인 에테르의 존재가 확인되었다.
c. 빛의 속도는 관찰자의 속도에 관계없이 항상 일정하다는 결론이 내려졌다.

➡ 해답 **1.** b, c   **2.** a, c

Example 2 The picture briefly shows the equipments of Michelson-Morley experiment conducted to prove the existence of ether. Choose all correct answers.

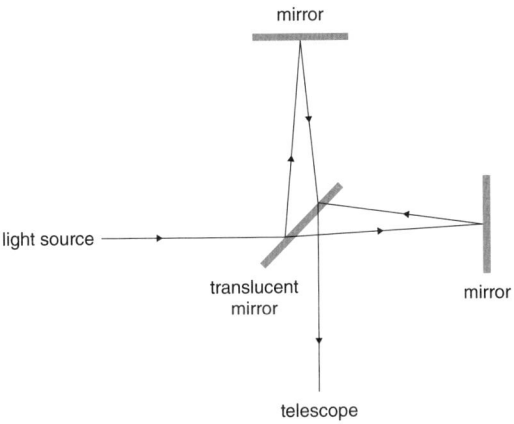

a. It's supposing that the speed of light varies depending on ether's direction of movement.
b. As the result, the existence of ether, a medium which transmits the light, was proved.
c. It is concluded that the speed of light is always constant regardless of the speed of observer.

rest in physics

Albert Einstein(알버트 아인슈타인)과 그의 운전기사

알버트 아인슈타인 (1879-1955)

Albert Einstein은 그의 독특한 외모만큼이나 재미있는 일화가 많다. 그 중 하나는 그의 운전기사와 관련된 이야기다. Einstein이 theory of relativity를 발표하자 많은 대학의 학생들과 교수들이 직접 그의 강연을 듣고 싶어했다. 그때는 지금처럼 녹음 시설이나 방송 시설이 없었기 때문에 Einstein은 운전기사를 고용해 직접 미국 구석구석에 있는 대학을 찾아가 강연을 해야 했다. Einstein은 하루에도 몇 번씩 강연을 했고, 그 바람에 그의 운전기사는 같은 내용의 강연을 수십 번이나 들을 수 있었다. 그런데 하루는 Einstein이 강연을 하러 들어가려는데 운전기사가 자신이 강연을 하면 어떻겠냐고 제안을 했다. 강연 내용을 수십 차례나 들었기 때문에 내용을 다 외웠을 뿐만 아니라, 당시에는 Einstein의 외모를 정확히 아는 사람이 많지 않았기 때문에 유머가 많은 Einstein은 기사의 제안을 흔쾌히 허락했다.

둘의 장난은 아주 철저했는데, 아예 처음부터 Einstein이 운전을 하고 운전기사는 뒷좌석에 앉아서 학교로 들어갔다. 학교에 도착해서 기사가 강연을 하기 시작했는데 Einstein이 무대 뒤에서 들어보니 기가 막히게 강연을 잘 하는 것이었다. 기사는 무사히 강연을 마쳤고, 모두가 일어나서 박수를 쳤다. 하지만 순조롭게 끝날 것처럼 보였던 두 사람의 장난은 한 교수가 강의 마지막에 운전기사에게 질문을 하면서 위기에 처하게 된다. 무대 뒤에서 지켜보고 있던 Einstein이 어떻게 해야 할 지 고민하고 있을 때 운전기사가 빙그레

웃으면서 "그렇게 쉬운 질문은 제 운전기사가 대답할 것입니다"라고 말했고, 기사 복장을 한 Einstein이 여유 있게 그 질문에 대답해 주었다고 한다.

Artificial satellite(인공위성)와 GPS(지피에스)

우리 눈에는 보이지 않지만, 지구 상공에는 수천 개가 넘는 artificial satellite가 떠다니고 있다. 그렇다면 satellite는 어떤 과학적인 원리로 운영되고 있는 것일까?

야구의 투수가 마운드에서 공을 던지면 공은 쭉 뻗어나가다 결국은 parabola(포물선)를 그리며 지면에 떨어질 것이다. 이때 좀 더 멀리 던지기 위해 처음보다 빠르게 공을 던진다면 공은 더 먼 거리에 떨어질 것이다. 우리는 여기서 속력이 너무 큰 나머지 지구의 curvature(휨, 곡률)가 문제가 되는 경우를 상상할 수 있다. 만일 이 투수가 슈퍼맨이나 헐크와 같은 괴력을 가지고 있어서 그가 던진 야구공이 먼 거리를 날아가 떨어질 때 지구의 curvature도 그와 더불어 떨어지게 되므로, 결국 야구공은 지면에 떨어지지 않고 지구 주위를 계속 돌게 될 것이다.

이처럼 충분한 높이와 속도를 갖춘다면 지구 주위를 끝없이 맴도는 일이 가능한데, 마찬가지로 이들의 값을 조작함으로써 물체의 orbit(궤도)을 정할 수 있다. 물체의 초기 속력과 높이가 충분하지 못하다면 물체는 지표면으로 떨어질 것이고, 만약 이보다 큰 값을 갖는다면 지구를 떠나 더 먼 곳으로 벗어나 버릴 수 있다. Orbit이 지구를 벗어나지 않는 범위까지의 locus(궤적)를 closed orbit(닫힌 궤도)이라고 하고 지구를 벗어나는 locus를 open orbit(열린 궤도)이라고 하는데, closed orbit 상에서 satellite를 지면으로 떨어뜨리려는 gravity(중력)와 satellite가 지구를 벗어나려는 속력을 일치시키면 satellite는 orbit을 계속 돌게 되는 것이다.

일상생활에서 satellite를 활용하는 대표적인 예로는 GPS(Global Positioning System: 전 지구 위치 확인 시스템)를 들 수 있다. GPS는 원래 군사용으로 개발되었지만 이제는 자동차의 navigation system이나 휴대전화의 Real-Time Location System(실시간 위치추적 시스템)과 같이 일상생활의 여러 분야에서 유용하게 사용되고 있다. GPS의 원리는 약 20,200km 고도의 orbit을 돌고 있는 satellite들로부터 전파를 수신하고 각 satellite들 간의 거리를 측정함으로써 전파 신호가 수신된 지점의 위치를 계산하는 것이다. 그런데 만약 Einstein의 theory of relativity가 아니었다면 우리는 아주 부정확한 navigation을 사용했을 것이다. 왜냐하면 satellite에서는 중력이 작기 때문에 general theory of relativity에 의해 시간이 빠르게 흐르고, 회전하는 속도가 빠르기 때문에 special theory of relativity에 의해 시간이 느리게 간다. 이 차이를 하루만 조정하지 않아도 무려 11km의 위치 오차가 생기고 만다. 이처럼 우리 생활과 동떨어진 것처럼 보이지만, Einstein의 theory of relativity는 우리 일상생활에 깊숙이 자리하고 있다.

기행으로 유명했던 Feynman(파인만)

리처드 파인만 (1918-1988)

Richard Feynman(리처드 파인만)은 Einstein과 더불어 20세기 최고의 물리학자로 인정받는 인물이다. Einstein이 Macroscopic(거시적)한 physics(물리학)를 대표한다면, Feynman은 microscopic(미시적)한 physics를 대표하는 학자다. Feynman은 학문적 업적뿐만 아니라 그의 자유분방한 기질과 독특한 기행으로도 유명했다.

1951년 Feynman이 미국의 코넬대학에서 칼텍으로 알려진 캘리포니아 공과대학으로 막 옮겼을 때였다. 당시 캘리포니아 주는 스모그 현상이 심각했는데 스모그로 고통을 받은 Feynman은 코넬대학으로 다시 돌아가겠다고 두 대학에 통보했다. 그러나 그는 칼텍에서는 강의에 대한 부담 없이 연구에 매진할 수 있다는 사실을 깨닫고 곧 이를 취소했다고 한다.

이후 칼텍에서의 그의 명성은 높아졌고, 그를 데려가기 위해 시카고대학의 교수 두 명이 그를 찾아왔다. 그들은 Feynman에게 엄청난 조건들을 제안했다. Feynman은 그들이 말하는 조건을 묵묵히 듣다가도 salary(연봉) 얘기만 나오면 한사코 말을 막고 그들의 제안을 거절했다. 나중에 알고 보니 시카고대학이 제안한 연봉이 칼텍보다 4배나 많았는데, 그 사실을 알게 된 친구들이 Feynman을 나무랐지만 Feynman은 오히려 이렇게 말했다고 한다.

"나는 내가 연봉을 말하지 말라고 부탁하기를 잘했다고 확신하게 되었네. 그 정도 연봉이면 내가 항상 원했던 것을 할 수 있겠지. 예쁜 정부를 얻고, 그 여자에게 집을 얻어주고, 좋은 물건들을 사줄 거야. 그런데 그것만이 아니야. 나는 그 여자를 걱정하고, 그 여자가 뭘 하고 있는지 항상 신경을 쓰고, 그리고 집에 가면 늘 부부싸움을 하겠지. 이 모든 것들이 나를 불안하게 하고 불행하게 만들 것이고 나는 더 이상 physics에 전념하지 못할 거야."

6

General Theory of Relativity
일반상대성이론

The most beautiful thing we can experience is the mysterious. It is the source of all true art and all science. He to whom this emotion is a stranger, who can no longer pause to wonder and stand rapt in awe, is as good as dead: his eyes are closed.

— Albert Einstein

우리가 경험할 수 있는 가장 아름다운 것은 신비로운 것들이다. 그것이 바로 모든 진정한 예술과 과학의 근원이다. 이러한 감정이 낯설고, 잠시 멈춰 경탄하고 경외감에 사로잡히지 못하는 이는 죽은 것이나 다름없다. 그의 두 눈은 잠겨 있는 것이다.

— 알버트 아인슈타인

basic concept

일반상대성이론의 의미
Meaning of General Theory of Relativity

Special theory of relativity(특수상대성이론)의 기본 principle(원리)은 principle of relativity(상대성원리)와 principle of constancy of lightspeed(광속도 불변의 원리)이다. 이러한 principle에 gravity(중력)와 acceleration(가속도)은 구분할 수 없다는 principle of equivalence(등가원리)와, gravity는 space-time(시공간)을 distort(왜곡시키다)한다는 principle이 더해진 것이 general theory of relativity이다. 따라서 special theory of relativity가 constant velocity(등속도)로 이동하는 inertial system(관성계)에만 적용된다면, general theory of relativity는 그보다 확장된 acceleration(가속도)을 가진 system(계)에도 확장되어 적용된다.

Principle of equivalence는 다음과 같이 설명할 수 있다. 높은 곳에서 object(물체)를 떨어뜨릴 때 object가 earth(지구)의 중심을 향해 직선으로 떨어지는 이유는 gravity(중력) 때문이다. 어떤 object에 작용하는 gravity의 크기는 그 object의 mass(질량)에 proportion(비례)하여 증가하는데, gravity의 크기를 결정하는 mass를 gravitational mass(중력질량)라고 한다. 한편 object에 force(힘)를 가하면 acceleration이 생기는데, acceleration의 크기는 force에 proportion하고 object의 mass에 inverse proportion(반비례)한다. Acceleration의 크기를 결정하는 mass를 inertial mass(관성질량)라고 한다. Inertia(관성)란 똑같은 force를 가했을 때 acceleration이 얼마나 생기는지를 말하는 것이다. 똑같은 force를 주어도 object마다 acceleration이 다르기 때문에 object마다 inertia, 곧 mass가 다르다고 해석할 수 있다. 이처럼 mass는 inertia의 크기로 규정되며, inertial mass는 mass가 inertia의 크기임을 강조하기 위한 표현이다. 그런데 acceleration과 inertia가 근본적으로 같으므로 inertial mass와 gravitational mass도 같다. 우주를 향해 rocket(로켓)을 발사한다고 가정해 보자. Rocket이 무서운 속도로 하늘을 향해 날아오르면 rocket의 탑승자들은 엄청난 압력을 느끼며 뒤쪽으로 힘을 받는다. 그런데 이때 탑승자들이 뒤로 밀려나는 것이 rocket의 acceleration 때문인지, 아니면 점차 멀어지고 있는 earth의 gravity에 의한 것인지는 구별할 수 없다. 즉, gravity와 acceleration에 의한 inertial force(관성력)가 같다는 뜻인데, 이것이 바로 principle of equivalence 이다.

General theory of relativity에서는 space-time에 대한 새로운 개념이 도입되었는데, 그것은 gravity field(중력장)의 효과가 space-time이 distort 되는 curvature(휨, 곡률)로 나타난다는 것이다. Mass가 있는 matter(물질)가 존재하면 gravity가 존재하기 때문에 light조차도 이렇게 curved(휘어진)된 space(공간)에서 가장 빠른 최단 경로를 선택한다고 해석할 수 있는 것이다. Parabola(포물선)를 그리며 날아가는 돌멩이를 예로 들어 보자. General theory of relativity에서는 earth의 gravity에 의해 curved된 space의 최단 경로를 따르기 때문에 parabola를 그린다고 해석한다. 이처럼 general theory of relativity의 중요한 의미는, matter의 gravity가 space-time의 curvature를 결정하고, 이렇게 curved된 space-time이 object의 경로를 결정한다는 것이다. 그리고 space-time, energy(에너지), matter는 밀접하게 연결되어 있기 때문에 그 전체가 자연의 본질을 이룬다는 것이다.

reading physics

1916년 아인슈타인은 특수상대성이론을 확장하여 공간의 형태와 시간의 흐름에 작용하는 중력의 영향을 반영했다. 이 이론은 일반상대성이론이라고 불린다. 기본적으로 이 이론은 우리가 살고 있는 우주가 4차원을 포함하고 있다고 주장한다. 첫 3개의 차원은 우리가 공간이라고 알고 있는 것을 가리킨다. 네 번째 차원은 시공간이라고 한다. 시공간은 시간과 공간이 불가분하게 연결되어 있는 차원이다.

아인슈타인에 따르면 동일한 사건을 동일한 방식으로 관찰하고 있는 사람들이라 할지라도, 문제의 그 사건과의 거리에 따라 하나의 사건이 두 개의 시간대에서 일어나는 것으로 인지할 수 있다. 이는 빛이 공간을 통해 이동하는 데 걸리는 시간 때문이다. 빛은 유한하고 항상 일정한 속도로 이동하는 것이 아니기 때문에, 더 멀리 떨어진 지점에 있는 관찰자는 이 사건이 시간상으로 조금 늦게 일어나고 있다고 인식하게 될 것이다. 그러나 이 사건은 '실제로는' 같은 시점에서 발생하고 있다. 즉, 시간은 공간에 종속되어 있다.

일반상대성이론의 원리

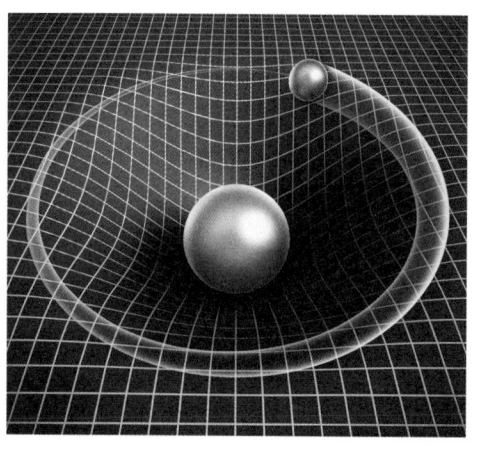

아이작 뉴턴이 그랬던 것처럼 중력이라는 것을 즉각적으로 작용하는 힘으로 설명하지 않고, 아인슈타인은 중력이라는 것은 단지 시공간이 휘어진 결과라고 하는 가설을 세웠다. 시공간 곡률이라는 것을 이해하기 위해서 먼저 2차원의 표면을 상

In 1916 Einstein expanded his special theory of relativity to include the effect of gravity on the shape of space and the flow of time. This theory is called the theory of general relativity. Basically, this theory proposes that the universe we live in includes 4 dimensions. The first three dimensions refer to what we know as space. The fourth dimension is called the space-time. Space-time is a dimension wherein time and space are inextricably linked.

According to Einstein, the people observing the same event in the same way could perceive the singular event occurring at two different times, depending upon their distance from the event in question. This is due to the time it takes for light to travel through space. The observer from a more distant point will perceive an event occurring later in time since light does not travel at a finite and ever-constant speed. However, the event is "actually" occurring at the same instant in time. Thus, time is dependent on space.

Principle of the General Theory of Relativity

Rather than explaining gravity as a force that acts instantly, as Isaac Newton did, Einstein made a hypothesis stating that gravity is simply a consequence of space-time curvature. For us to understand space-time curvature, imagine a two-dimensional surface. A ball, representing the Sun, lies on the center of the

상해 보자. 태양을 나타내는 공 하나가 이 표면의 중심부에 놓여 있다고 하자. 표면은 휘어 있기 때문에 어떤 행성을 나타내는 다른 공 하나가 표면에 직선을 그리며 굴러들어 온다면 그 공은 태양을 나타내는 공 주위로 궤도를 그리며 돌게 될 것이다.

그의 이론에서 아인슈타인은 물체들이 휘어진 시공간의 측지선을 따라 이동한다고 가정했다. 측지선은 두 점 사이의 직선 즉 최단거리이다. 행성들을 포함한 모든 물체는 4차원의 시공간에서 측지선을 따라 이동한다.

당신이 당신의 친구와 1m 떨어져서 같은 방향을 보고 서 있다가 걸어가기 시작한다고 생각해 보자. 당신과 친구 모두 직선으로, 그리고 같은 속도로 걸어간다면 둘 사이의 거리는 정확히 1m를 유지하게 된다. 당신과 친구는 두 개의 평행선을 따라가는 것이다. 그럼 이번에는 상당 시간 동안 걷고 난 당신이 둘의 간격이 벌어지기 시작했다는 것을 알아차렸다는 상황을 상상해 보자. 결국 당신과 친구는 이제 2m 떨어져 있고, 주의 깊게 관찰해 보면 당신과 친구는 더 이상 정확히 같은 방향을 향하고 있지 않다는 것을 알게 될 것이다. 아마도 당신은, 당신과 친구 둘 중 한 명이나 두 명 모두가 직선으로 걷지 못했다는 결론을 내려 버릴 것이다. 마찬가지로 행성이 움직이는 경로 역시 우리에게는 휘어져 있는 것처럼 보이는데, 이는 행성들이 4차원의 시공간에서 측지선을 따라 운동하고 있지만 우리는 행성들을 3차원 공간에서만 관찰하기 때문이다.

등가원리

일반상대성이론에서 중력의 개념은 주로 등가원리에 근거하고 있다. 이 원리에 따르면, 실험을 통해 한 계의 가속도에 의한 효과와 중력에 의한 효과를 구분하는 것은 불가능하다. 각각의 효과가 서로 등가이기(equivalent to) 때문이다.

아인슈타인은 중력과 가속도를 관찰함으로써 이러한 생각에 이르렀다. 아인슈타인은 낙하하는 물체는 어떤 중력도 '느끼지' 못하지만, 가속되는 물체

surface. The surface is curved so when another ball, representing a planet, is rolled in a straight line on the surface, the curve causes the ball to travel around, or orbit, the ball representing the Sun.

In his theory, Einstein hypothesized that objects travel in geodesics through curved space-time. A geodesic is a straight line, or the shortest distance between two points. All objects, including planets, travel in geodesics in four-dimensional space-time.

Suppose you and a friend stand one meter apart from each other facing the same direction and begin walking. Assuming you both walk in a straight line at the same speed you should stay exactly one meter apart. The two of you are tracing out two parallel lines. Imagine instead, however, that you walk for quite a while and notice that you are starting to drift apart. Eventually you are two meters apart, and if you look carefully you realize you're not pointed in exactly the same direction any more. You would presumably conclude that one or both of you had failed to walk in a straight line. In the same way, the paths of planets seem curved to us because they travel along geodesics in four-dimensional space-time and we observe them in only three dimensions.

Principle of Equivalence

The concept of gravitation in the general theory of relativity is largely based on the principle of equivalence. According to this principle, it is not possible by experiment to distinguish between the effects caused by the acceleration of a system and those caused by gravitation—the effects are equivalent to each other.

는 (중력을) 느낀다고 생각했다. 예를 들어, 위쪽으로 가속하는(accelerate upward) 엘리베이터에 탄 사람은 바닥이 그를 밀어 올리고 있다고 느낄 것이다. 이러한 효과는 인체가 가속도에 저항하려는 경향에서 비롯된다. 그러나 엘리베이터가 멈춰 있고 중력의 작용이 증가하게 되면 같은 효과가 발생하게 될 것이다. 그런데 두 가지 효과를 구분할 수 있는 방법은 없다.

아인슈타인은 이것이 단순한 행동거지의 유사성(a similarity in behavior)일 뿐 아니라, 사실은 동일한 물리적 상태를 나타낸다고 주장했다. 바꿔 말하자면, 중력장 내에서 자유낙하를 하는(freely falling) 계는 중력이 없는 상태의 관성계와 같다는 것이다. 또한 중력장 내의 정적인 계는 중력이 없을 때 가속하는 계와 동일하다. 일반상대성이론에 따르면, 시공간은 물질의 존재에 의해 왜곡된다(is distorted by). 구체적으로 말하자면, 중력을 가지는 물체는 시공간 연속체를 휘게 만든다. 물체가 시공간 연속체를 이동하면 그것은 시공간의 곡률을 따라 이동하는 것이다. 물체의 이 같은 운동은 중력 끌림이라고 해석된다.

중력렌즈

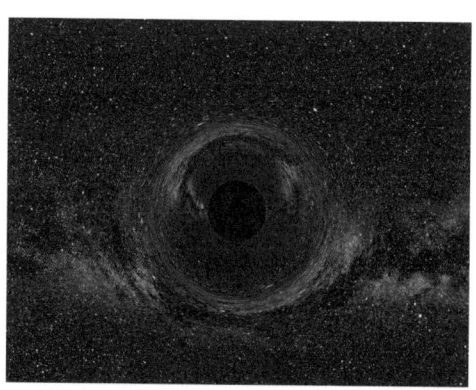

블랙홀로 인한 중력렌즈 효과를 그린 가상도

빛은 하나의 매체에서 다른 매체로 투과될 때마다 휘어진다. 일반상대성이론에 따르면, 광선은 질량이 큰 물체 주위에서 휘어진다. 이는 충분히 큰 질량을 가진 물체는 마치 렌즈와 같은 역할을 하며, 뒤쪽에 있는 광원에서 나온 빛을 모은다는 것이다. 사실 이 관측은 일반상대성이론을 시험하는 가장 초기의 검증 사례 중 하나이다. 다

Einstein arrived at this idea by looking at gravity and acceleration. He thought that a falling object does not "feel" any gravitational force, while an object being accelerated does. For example, a person in an elevator that accelerates upward, will sense that the floor is pushing up against him. This effect results from the tendency of the person's body to resist acceleration. However, the same effect would be produced if the elevator was stationary and the pull of gravity was increasing—there is no way to distinguish between the two effects.

Einstein suggested that this is not just a similarity in behavior but actually represents the same physical states. In other words, a freely falling frame in a gravity field is equivalent to an inertial frame with the absence of gravity. Also, a static frame in a gravity field is equivalent to an accelerating frame with the absence of gravity. According to the general theory of relativity, space-time is distorted by the presence of matter. Specifically, gravitating bodies bend the space-time continuum. As an object moves through the space-time continuum, it follows the curvature of space-time. The resulting motion of the object is interpreted as gravitational attraction.

Gravitational Lens

Light bends whenever it passes from one medium to another. According to the general theory of relativity, light rays bend in the surrounding area of a massive object. This means that a sufficiently massive object can act just like a lens, focusing the light from sources behind it. In fact this observation provided one

른 별들에서 나온 빛이 태양 근처를 지나게 되면 그 빛은 휘어지고, 그렇게 되면 그 별들이 보이는 위치에 왜곡이 생기게 된다. 사실상 태양 뒤에 있는 하늘은 실제보다 더 크게 확대되어 보이게 된다.

시간지연

아인슈타인의 상대성이론의 중요한 점은 그가 물질이 공간을 휘어지게 한다고 주장했다는 점이다. 만약 우주가 2차원의 천이라면, 이 천 위에 놓인 행성은 천을 휘어지게 만들 것이다. 이러한 우주의 휨 현상이 바로 우리가 중력이라고 인식하는 것이다. 작은 물체들은 휘어진 공간을 통해 가장 큰 물체들을 향해 '굴러가기' 때문에 작은 물체들이 더 큰 물체들에게 끌리게 되는 것이다. 바로 이것이 중력에 의한 시간지연이라는 효과를 발생시킨다. 보통의 상황에서는 이 현상을 관찰할 수 없다. 그러나 우리 우주의 극단의 현장(엄청나게 많은 물질이 극단적으로 작은 부피로 압축된 블랙홀과 같은 곳)에서는 이러한 효과가 훨씬 더 분명해진다. 멀리 떨어져 있는 관찰자에게는 블랙홀로 떨어지는 물체가 결코 그곳에 도달하지 못할 것으로 보인다. 이것은 적어도 멀리 떨어져 있는 이 관찰자에게만큼은 시간이 훨씬 더 천천히 '진행되도록' 하는 시간지연 때문이다(그러나 문제의 이 물체는 아주 신속히 블랙홀에 의해 파괴될 것이다).

중력에 의한 시간지연의 두 번째 특징은, 어떤 물체가 빨리 움직일수록, 정지해 있는 관찰자에게는 그 물체에 대한 시간이 더 느리게 진행된다는 주장이다. 일상의 상황들에서는 이 효과를 전혀 알아차리지 못하지만 그것은 사실로 증명되었다. 제트기에 설치된 원자시계는 정지해 있는 원자시계보다 더 천천히 '가는' 것으로 보였다. 그러나 제트기로 구현할 수 있는 속도에서도 시간지연의 효과는 미미했다.

of the earliest tests of general relativity. When the light from other stars passes near the sun, it bends, causing changes in the apparent positions of the stars. In effect, the area of the sky behind the sun has been magnified to look bigger than it is.

Time Dilation

An important aspect of Einstein's theory of relativity is that he proposed that matter causes space to curve. If space is a two-dimensional sheet, a planet placed on this sheet will cause the sheet to curve. This curvature of space is what we perceive as gravity. Smaller objects are attracted to larger ones because they will "roll" through the curved space towards the most massive objects. This causes the gravitational time dilation effect. Under normal circumstances, this effect is impossible to observe. However, in the presence of the extremes of our universe (such as black holes, where a huge amount of matter is compressed into an extremely small volume), this effect becomes much more obvious. To a distant observer, an object falling into a black hole would appear to never reach it, due to time dilation causing time to "progress" much slower, at least relative to the distant observer (the object in question, however, would very rapidly be destroyed by the black hole).

A second aspect of gravitational time dilation proposes that the faster an object is moving, the slower time progresses for that object in relation to an observer who is stationary. While in everyday circumstances, this effect goes entirely unnoticed, it has proven to be true. An atomic clock placed on a jet airplane was

일반상대성이론의 응용

일반상대성이론은 우리가 우주를 이해하는 데 있어 가장 극적인 변화 중 하나를 가져왔다. 오랫동안 모든 사건에 있어 단순하게 주어진 배경으로 여겨졌던 공간과 시간은 이제 역동적이고 휘어지며, 그 안에 존재하는 물질과 에너지에 반응해 변화하는 것으로 보인다. 중력은 이제 더 이상 힘이 아니라 오히려 우주에 대한 기하학적 묘사로 인식되고 있다.

아인슈타인의 급진적인 상대성이론들은 $E=mc^2$라는 아주 유명한 방정식을 탄생시켰는데, 이것은 물질과 에너지가 근본적으로 호환 가능하다는 것을 나타낸다. 이 발견이 결국 최초의 핵융합 폭탄 제조로 이어지게 되었다. 이 이론은 또한 애초에는 그다지 중요하지 않은 광행차로 여겨졌던 블랙홀과 중력파의 존재를 예측하기도 했다. 그러나 가장 중요한 것은, 아인슈타인의 연구가 이론물리학의 완전히 새로운 시대를 열었고, 우주에 대한 우리의 이해를 엄청나게 진전시켰다는 것이다. 이 이론은 끈이론과 양자역학과 같은 현대 물리학의 다른 중요한 이론들의 형성으로 이어졌다.

shown to "tick" more slowly than an atomic clock at rest. However, even with the speeds achieved by a jet aircraft, the time dilation effect was minimal.

Applications of the General Theory of Relativity

The general theory of relativity brought about one of the most dramatic changes ever to occur in our understanding of the universe. Space and time, long considered to be a simple fixed background for all events, are now seen as dynamic, curving and changing in response to the matter and energy within them. Gravity is no longer viewed as a force but rather as a description of the geometry of the universe.

Einstein's radical theories of relativity resulted in the ever-famous $E=mc^2$ equation, which essentially states that matter and energy are interchangeable. This discovery eventually led to the creation of the first nuclear fission bomb. This theory also predicted the presence of black holes and gravitational waves which were initially thought of as inconsequential aberrations. Most importantly however, Einstein's work ushered in an entirely new age of theoretical physics, helping us to tremendously advance our understanding of our perception of the universe. This theory led to the formation of other important theories such as the string theory and quantum mechanics.

problem solving

문제1 그림은 바깥이 보이지 않는 로켓의 내부에 있는 사람이 물체를 가만히 놓았을 때 물체가 O의 방향으로 낙하하는 것을 나타낸 것이다. 로켓 내부에 있는 사람이 그 물체를 관찰한 후 내릴 수 있는 결론으로 옳은 것을 모두 고르시오.

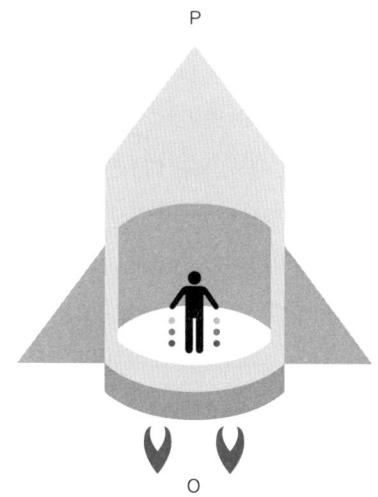

a. O의 방향에 행성이 있다.
b. 로켓은 O의 방향으로 자유 낙하하고 있다.
c. 로켓은 P의 방향으로 속도를 증가시키고 있다.

Example 1 The picture shows the falling of an object in direction of O when a person inside a rocket which can't see the outside just released the object. Choose all correct conclusions that can be made by the person after the observation of the object.

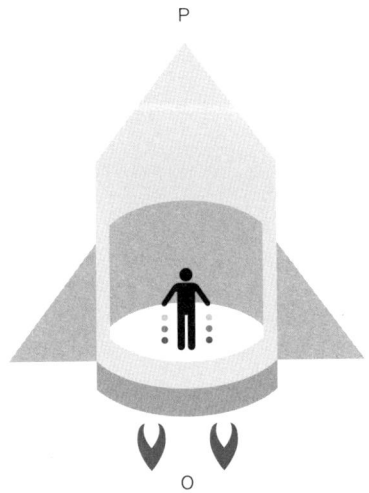

a. There is a planet on direction of O.
b. The rocket is free-falling in direction of O.
c. The rocket is increasing its speed in direction of P.

문제2 그림 (A)는 우주 공간을 이동하고 있는 로켓의 O 지점에서 레이저 광선을 비추었을 때 그 광선의 경로가 휘어져 P 지점에 도달하는 것을 나타낸 것이다. 그림 (B)는 중력 가속도가 g인 어느 행성의 표면에 착륙하는 로켓의 O 지점에서 레이저 광선을 비추었을 때 광선의 경로가 휘어져 P 지점에 도달하는 것을 나타낸 것이다. 옳은 답을 모두 고르시오.

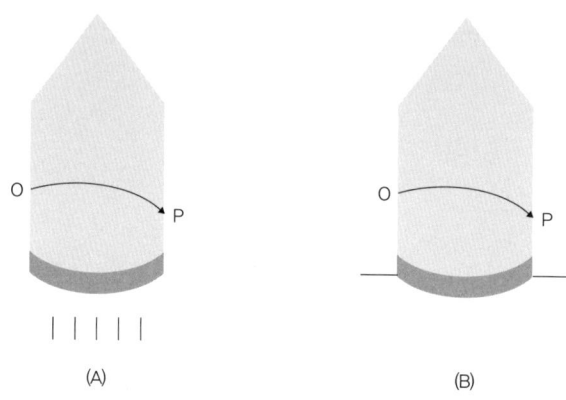

(A)   (B)

a. (A)에서 로켓의 중력 가속도는 g이다.
b. (A)에서 빛은 아래 방향으로 관성력을 받는다.
c. (B)에서 빛의 경로가 휘어지는 것은 빛이 질량을 가지고 있기 때문이다.

➡ 해답 **1.** a, c   **2.** a

Example 2 The picture (A) shows that the course of laser light bends and reaches to the position P when it is projected from the position O of a rocket which is travelling in space. The picture (B) shows that the course of laser light bends and reached to the position P when it is projected from the position O of a rocket which is landed on the surface of a planet where its gravitational acceleration is g. Choose all correct answers.

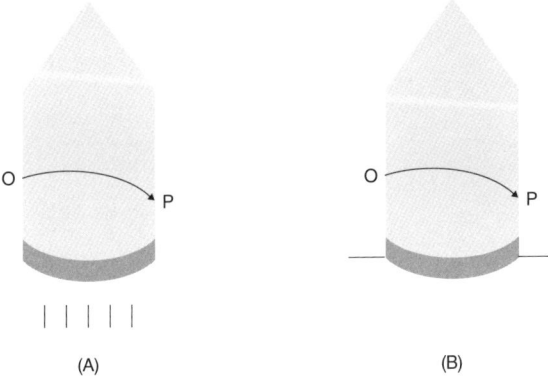

(A) (B)

a. The gravitational acceleration of a rocket in (A) is g.
b. The light is subject to the inertial force in downward in (A).
c. That reason why the course of light bends in (B) is because the light has a mass.

rest in physics

James Clerk Maxwell(제임스 클럭 맥스웰)

제임스 클럭 맥스웰 (1831-1879)

역사상 가장 위대한 physicist(물리학자)는 누구일까? 어떤 사람은 Isaac Newton(아이작 뉴턴)의 손을 들고, 어떤 사람은 Albert Einstein이 가장 위대하다고 주장한다. 두 사람 모두 위대한 인물이기 때문에 누가 더 낫다고 말하기 어렵다. 그렇다면 우월을 가리기 힘든 Newton과 Einstein 다음으로 위대한 physicist는 누구일까? 수많은 사람들이 인정하고, Einstein도 Newton 이후 physics의 가장 심대하고 풍성한 수확을 이룬 사람이라 평했던 James Clerk Maxwell이다.

스코틀랜드 출신의 Maxwell은 Michael Faraday(마이클 패러데이)의 electromagnetic field(전자기장)의 고찰을 기초로 하여 mathematical theory(수학적 이론)를 완성하고, Maxwell's equations(맥스웰 방정식)를 유도하여 electromagnetics(전자기학)의 이론적인 기초를 확립했다. 또 light(빛)가 electricity(전기)와 magnetism(자성)에 의한 wave(파동), 즉 electromagnetic radiation(전자기복사)이라는 것을 증명했다. Maxwell은 이밖에도 기체의 molecular movement(분자운동)에 관한 연구에서 molecular의 mean velocity(평균속도) 대신 velocity distribution(속도 분포)을 고려하여 Maxwell-Boltzmann distribution(맥스웰-볼츠만 분포)을 만들고 확률적 개념을 통해 statistical dynamics(통계역학)의 기초를 닦았다. electromagnetics에 관한 Maxwell의 연구 성과와 기체의 운동과 관련된 연구는 이후 special theory of relativity와 quantum mechanics(양자역학)의 수립에

지대한 영향을 미쳤다. 또한 three primary color(삼원색)를 적절히 혼합하면 모든 색을 표현할 수 있다는 사실을 응용하여 최초의 컬러 사진도 제작했다고 한다.

재미있는 것은 Maxwell이 세상을 떠난 해가 1879년인데, 바로 그 해에 Einstein이 태어났다는 사실이다. 우연의 일치인지 Newton도 Galilei가 사망한 1642년에 태어났다.

Nuclear fusion(핵융합)과 nuclear fission(핵분열)

Fossil fuel(화석연료)이 조만간 바닥날 것이라는 우려와 더불어, fossil fuel로 인한 global warming(지구온난화) 문제를 해결해야 한다는 전 세계적인 공감대가 alternative energy(대체에너지) 개발로 이어지고 있다. Alternative energy 중에서도 가장 주목을 받는 것이 nuclear power(원자력)이다. Nuclear power는 nuclear fusion과 nuclear fission으로 나뉘는데, 일반적으로 사용하고 있는 것은 uranium(우라늄)이나 plutonium(플루토늄)과 같은

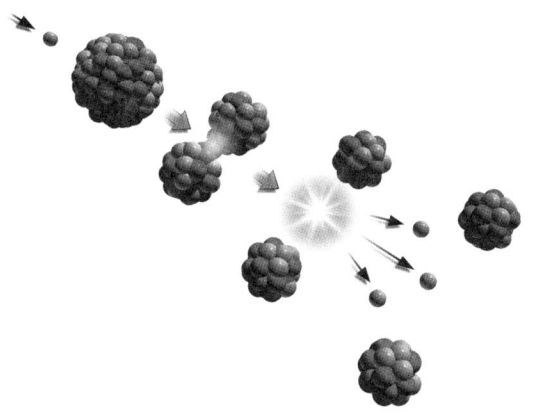

핵분열의 연쇄반응: 중성자가 우라늄 235의 원자핵에 충돌해서 흡수되면 2개의 다른 원자핵으로 분열하는데, 이 과정에서 엄청난 열과 함께 2~3개의 중성자도 함께 나온다

불안정한 원소가 좀 더 안정된 상태로 변하기 위해 nuclear fission을 할 때 발생하는 열을 증기로 만들어 그 힘으로 터빈을 돌려 전기를 생산하는 nuclear power이다. Einstein의 theory of relativity에 따르면 mass는 곧 energy인데, 이것은 mass가 큰 uranium이 쪼개지면서 엄청난 energy를 만들어내는 원리이다.

이와 달리 nuclear fusion은 가벼운 nucleus(원자핵) 2개가 nuclear force(핵력)라는 거대한 힘에 의해 충돌하여 하나의 다른 nucleus로 합쳐지면서 막대한 energy를 발생시키는 원리이다. nuclear fusion은 태양과 같이 스스로 빛을 내는 별에서 일어나는 현상으로, 1억도 이상의 초고온에서 물질이 plasma(플라즈마) 상태가 되어야 비로소 가능하다. Nuclear fusion의 commercialization(상용화)이 어려운 이유는 바로 이렇게 높은 온도를 유지하는 것 때문이다. 하지만 이를 상용화할 수 있다면 현재 우리가 사용하는 nuclear fission보다 더 많은 에너지를 얻을 수 있고, radiation accident(방사능 사고)의 위험성도 줄어들기 때문에 미래의 핵심 alternative

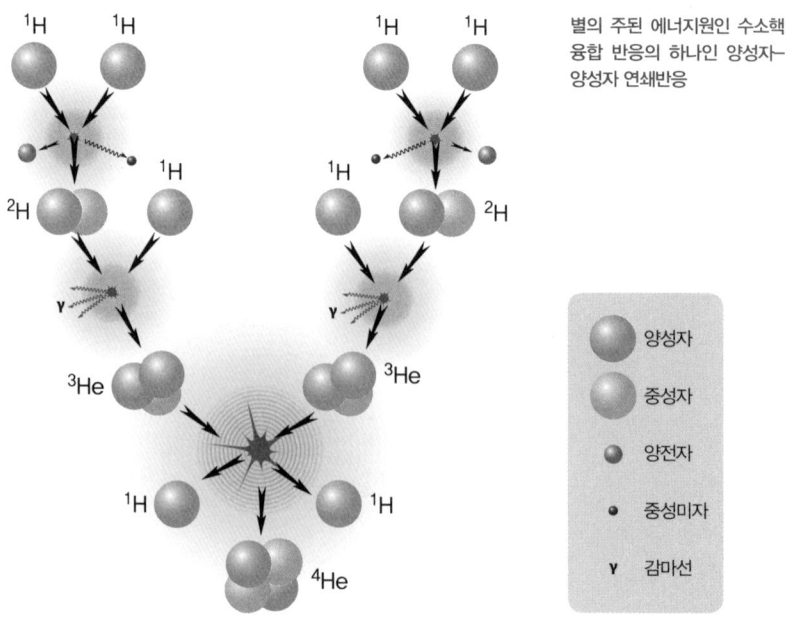

별의 주된 에너지원인 수소핵 융합 반응의 하나인 양성자-양성자 연쇄반응

energy로 기대를 얻고 있다.

　Nuclear fusion과 nuclear fission을 nuclear power generation(원자력 발전)과 같은 유익한 방향으로만 이용하는 것은 아니다. 인간이 만들어낸 가장 무서운 무기 중 하나인 atomic bomb(원자폭탄)은 바로 nuclear fission을 이용한 것이다. 하지만 atomic bomb도 hydrogen bomb(수소폭탄)에 비하면 위력이 약한데, hydrogen bomb은 nuclear fusion을 이용한 것이기 때문이다. Nuclear fusion은 nuclear fission에 비해 radiation leak(방사능 누출)의 가능성이 낮은 편이지만, 만약 hydrogen bomb이 폭발할 경우 radiation에 의한 2차 피해는 nuclear fission만큼 크다고 한다. 왜냐하면 nuclear fusion에 필요한 초고온의 열을 만들 수 있는 유일한 방법이 nuclear fission이기 때문이다.

7

Cosmology and the Big Bang Theory
우주론과 빅뱅이론

If we do discover a complete theory, it should be in time understandable in broad principle by everyone. Then we shall all, philosophers, scientists, and just ordinary people be able to take part in the discussion of why we and the universe exist.

— Stephen Hawking

만일 우리가 어떤 완전한 이론을 발견하게 된다면, 그 시점은 모든 사람들이 그 이론의 대략적 원리를 이해할 수 있을 때이다. 그렇게 되면, 철학자와 과학자, 그리고 평범한 사람들을 포함한 우리 모두는 인류와 우주의 존재 이유에 대한 논의에 참여할 수 있게 될 것이다.

— 스티븐 호킹

basic concept

우주론과 빅뱅이론의 의미
Meaning of Cosmology and the Big Bang Theory

코페르니쿠스(1473-1543)

Cosmology의 발전 단계는 고대, 중세, 현대로 나눠볼 수 있다. 우선 고대 헬레니즘 문명 이전에는 cosmology와 종교가 분리되지 않았다. 고대의 geocentric theory(지구중심설, 천동설)는 Aristotle(아리스토텔레스)에 의해 형성되었는데, earth(지구)를 중심으로 모든 별이 돌고 있다고 본 개념이다.

Geocentric theory는 중세에 와서 Thomas Aquinas(토마스 아퀴나스)에 의해 theology(신학)으로 채택되었는데, the Dark Ages(암흑시대)로 불렸던 중세에는 cosmology가 철저히 theology의 지배를 받았다. 그때 theology의 절대적인 권위에 도전한 사람이 Nicolaus Copernicus(니콜라우스 코페르니쿠스)였다. 그는 geocentric theory와 정반대 개념인 heliocentric theory(태양중심설, 지동설)을 주장했고, 이 이론은 훗날 Isaac Newton(아이작 뉴턴)에 의해 한 단계 발전하게 된다. Newton은 earth의 orbit of revolution(공전궤도)을 gravity(중력)로 설명했다.

20세기에 접어들면 modern cosmology(현대 우주론)가 등장하게 되는데, 여기에 가장 중요한 공헌을 한 인물은 Albert Einstein(알버트 아인슈타인)이다. Theory of relativity(상대성이론)에 기초한 그의 equation of gravitational field(중력장 방정식)는 modern cosmology를 형성하는 데 매우 중요한 역할을 했다. Einstein의 연구는 후에 cosmic background radiation(우주배경복사)를 연구한 Edwin Hubble(에드윈 허블)에 의해 발전되었고, Stephen Hawking(스티븐 호킹)의 black hole theory(블랙홀 이론)의 모태가 된다.

흔히 Stephen Hawking이 big bang theory를 제안한 것으로 알기 쉬운데, 가장 먼저 이 이론을 제안한 사람은 러시아의 수학자인 Alexander Friedman(알렉산더 프리드만)이다. 그리고 Friedman의 주장을 실험적으로 증명한 사람이 Edwin Hubble이다. Hubble은 cosmic background radiation을 관측하여 space(우주)가 expand(팽창하다)한다는 것을 입증했는데, 이같은 theory of expanding universe(팽창우주설)는 steady state (universe) theory(정상우주론)과 big bang theory로 나뉘게 되었다. Steady state theory란 space의 시간은 infinite(무한한)하며 항상 일정한 density(밀도)를 가지고 expand한다는 이론이다. 즉, static space concept(정적 우주 개념)에 theory of expanding universe를 약간 변형하여 혼합했을 뿐 우주의 완벽성을 그대로 주장한 셈이다. 한편 big bang theory는 George Gamow(조지 가모프)에 의해 체계화되면서 정설로 받아들여지게 되는데, big bang theory가 정설로 받아들여지게 된 가장 중요한 요인은 space의 상태에 대해 설득력 있는 설명을 했기 때문이다. Space에는 중수소로 불리는 deuterium(듀테륨)과 helium(헬륨)이 다량으로 있는데, helium과 달리 deuterium은 space의 생성 초기 상태에 존재할 수 없다. 그런데 big bang theory에 의하면 고온의 big bang과 nucleosynthesis(핵합성) 단계를 거치면 deuterium이 생성될 수 있다는 것이다. 그리고 앞서 언급한 cosmic background radiation 또한 big bang theory를 뒷받침하는 훌륭한 근거가 된다.

reading physics

우주론은 우주 전체를 연구하는 천문학의 분야이다. 우주론은 개별적인 별과 은하에 대한 연구만을 다루는 것이 아니라, 우주 전체의 속성과 기원, 진화, 그리고 궁극적인 운명을 연구한다. 우주론을 연구하는 사람을 우주론 학자라고 한다.

시간이 흐르면서 우주에 대한 우리의 이해는 대단히 발선했다. 천문학의 초기 역사에서 지구는 만물의 중심이며, 행성과 별들은 지구 주위를 공전한다고 여겨졌다. 16세기가 되어서야 니콜라우스 코페르니쿠스라는 폴란드의 과학자가 태양계에 있는 지구와 여러 행성들이 태양 주위를 공전한다는 주장을 펼쳤다. 뒤를 이어 17세기 후반에, 아이작 뉴턴은 행성들 간의 힘이 어떻게 작용하는지를 계산해냈다.

20세기 초에 들어서자, 우주를 이해하는 좀 더 심층적인 통찰이 등장했다. 알버트 아인슈타인의 일반상대성이론은 시간과 공간의 통합을 제기했다. 또 우리 은하가 우주 전체를 구성하는지 아니면 그저 별들이 많이 모인 집단의 하나인지에 대해 과학자들이 대립하는 견해를 보인 것도 이 시기이다.

에드윈 허블은 우리 은하계 밖에 위치한 '흐릿한' 성운까지의 거리를 계산했다. 그는 또 일반상대성이론을 이용해 다른 은하들을 측정했다. 그는 이 은하들이 우리로부터 멀리 이동하고 있다는 것을 발견했고, 우주가 정적인 것이 아니라 팽창하고 있다는 결론에 이르렀다.

스티븐 호킹은 우주 그 자체는 무한하지 않고 비록 뚜렷한 경계는 없지만 유한한 크기를 가지고 있다고

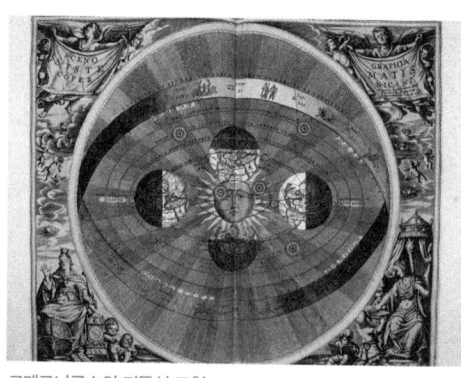

코페르니쿠스의 지동설 도형

Cosmology is the branch of astronomy that studies the universe as a whole. It does not only deal with the study of individual stars or galaxies, but rather with the properties of the entire Universe and its origin, evolution and eventual fate. A person who studies cosmology is called a cosmologist.

Our understanding of the universe has evolved significantly over time. During the early history of astronomy, Earth was viewed as the center of all things, with the planets and stars orbiting it. It wasn't until the 16th century that a Polish scientist name Nicolaus Copernicus suggested that the Earth and the other planets in the solar system are orbiting around the sun. Subsequently, Isaac Newton calculated how forces between planets interact in the late 17th century.

The beginning of the 20th century gave birth to further insights into comprehending the universe. Albert Einstein's general theory of relativity proposed the unification of time and space. It was also during this time that scientists were in disagreement as to whether the Milky Way comprised the entire universe or whether it was simple one of the many collections of stars.

Edwin Hubble was able to calculate the distance to a "fuzzy" nebulous object in the sky located outside the Milky Way galaxy. He also used the theory of general relativity to measure other galaxies. He found out that these galaxies were moving away from us, leading to the conclusion that the universe is expanding and not static.

주장한다. 이 점은 지구와 유사하다. 지구는 유한하지만, 지구를 돌며 여행하는 사람은 결코 그 '끝'을 찾을 수 없을 것이며, 그 대신 계속해서 지구를 돌게 될 것이다. 호킹은 또 우주는 영원히 지속하지 않고 결국에는 종말을 맞이하게 될 것이라고 주장했다.

빅뱅이론

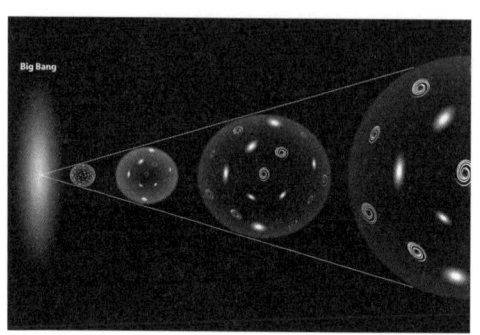

빅뱅 모형

우주 전체가 팽창하고 있다는 발견은 빅뱅이론으로 이어졌다. 빅뱅이론은 만약 만물이 지금 공간에서 흩어지고 있다면(flying apart), 한때는 아주 뜨겁고 높은 밀도의 상태로 한데 뭉쳐 있었을 것이라고 추정할 수 있다고 주장한다.

우리가 알고 있는 우주가 존재하기 전에는 시간과 공간이 없었다. 빅뱅이론은 아주 작은 (양성자의 몇 십억 분의 일인) 초고밀도, 초고온의 질량 덩어리가 폭발하여 아주 빠른 속도로 팽창하기 시작했고, 결국 냉각되면서 우리가 잘 알고 있는 별들과 은하들을 형성했다고 주장한다. 이 사건은 대략 150억 년 전에 일어났다고 한다.

빅뱅이론은 우주가 어떻게 생겨났는지에 대한 최고의 설명이다. 이 이론은 원래 1920년대 후반에 벨기에의 신부이자 천문학자였던 조르주 앙리 르메트르가 구상했다. 르메트르는 우리의 우주가 팽창하고 있다는 생각을 옹호한 초기의 인물이었다.

과학자들로 하여금 우주가 대폭발로 시작되었다고 믿도록 한 주요 관측 결과가 세 가지 있다.

첫째, 과학자들이 우주가 팽창하고 있다는 것을 발견하게 된 것이다. 베스

Stephen Hawking proposes that the universe itself is not infinite, but has a definite size, though it lacks a definite boundary. This is similar to Earth. Although Earth is finite, a person travelling around it would never find the "end" but instead, that person would constantly circle the globe. Hawking also proposed that the universe would not continue on forever and that it would eventually end.

Big Bang Theory

The discovery that the whole universe is expanding led to the big bang theory. This theory states that if everything is flying apart now, it was once presumably packed much closer together, in a hot dense state.

Before the universe as we now know it existed, there was no space or time. The theory claims that our entire universe was created when a tiny (billions of times smaller than a proton), super-dense, super-hot mass exploded and began expanding very rapidly, eventually cooling and forming the stars and galaxies with which we are familiar. This event is said to have happened approximately 15 billion years ago.

The big bang theory is the best explanation of how the universe was created. The theory was originally developed by Georges-Henri Lemaître, a Belgian Catholic priest and astronomer in the late 1920s. Lemaître was an early advocate of the idea that our universe was expanding.

There are three main observational results that led scientists to believe that the universe began with the big bang.

토 슬라이퍼라는 천문학자는 우리에게 다가오는 은하보다 멀어져 가는 은하들이 더 많다는 사실을 발견했다. 에드윈 허블이 이 이론을 입증했다. 그는 은하들이 우리 은하와의 거리에 비례하는 빠른 속도로 우리로부터 멀어져 가고 있다는 것을 발견했다. 이것은 과학자들로 하여금 어떤 종류의 폭발이 있기 전 한때 모든 것이 서로 극도로 밀집되어 있었을 것이라고 추정하도록 했다.

둘째, 빅뱅이론은 우주에 다량으로 존재하는 헬륨과 듀테륨(수소의 동위원소)과 같은 다른 핵을 완벽하게 설명하고 있다. 팽창하는 우주가 초기에는 지극히 뜨거웠을 것이라는 개념은 헬륨과 듀테륨이 별의 형성 이전부터 존재했던 것으로 보이는 이유에 대한 타당한 설명을 제공한다. 헬륨과 달리 듀테륨은 별에서는 전혀 생성되지 않는다. 별이 듀테륨을 생성할 수 없었기 때문에, 그것은 은하 형성의 아주 초기 또는 그 이전에 생성되었어야 한다. 초기의 고온에도 불구하고 빅뱅의 핵합성은 듀테륨을 생성할 수 있었다. 그 이유는 우주의 팽창이 밀도와 온도를 아주 신속하게 낮추는 바람에 듀테륨이 붕괴될 수 있는 시간이 거의 없었기 때문이다. 따라서 풍부한 헬륨과 듀테륨의 존재는 우주가 빅뱅이론대로 아주 뜨겁고 맹렬한 폭발로부터 시작되었다는 강력한 증거를 제공하는 것이다.

빅뱅의 가장 결정적인 증거는 우주배경복사의 관측에서 나온다. 우주 극초단파 배경복사는 1965년이 되어서야 발견되었다. 1964년 전파천문학자인 아노 펜지어스와 로버트 윌슨은 무선 안테나 신호에서 지속적으로 들려오는 배경 '잡음'을 제거하느라 끙끙대고 있었다. 1년이 지나도 그들은 여전히 이 배경 잡음을 제거하지 못했다. 그들은 안테나를 태양을 향하게 하든, 우리 은하를 향하게 하든, 아니면 하늘의 다른 빈 부분들을 향하게 하든, 이 끊임없는 신호가 모든 방향에서 정확히 한결같다는 것을 알게 되었다. 이것은 그 신호가 우리 은하 저 너머 먼 곳으로부터 오고 있다는 의미였는데, 그렇지 않다면 모든 방향에서 신호가 그렇게 균일할 수 없었기 때문이다. 만약 이 복사가 정말 빅뱅으로부터 오는 것이라면, 그것이 '흑체' 스펙트럼이라고 하는 유형의 스펙트럼을 가져야 할 것이다. 복사가 빛을 자유로이 흡수하고 다시 방출하

First, they found out that the universe is expanding. An astronomer named Vesto Slipher noticed that there are more galaxies going away from us than approaching us. Edwin Hubble confirmed this theory. He discovered that galaxies are travelling away from us at higher speeds, proportional to their distance from us. This led the scientists to assume that everything was once extremely close together before some kind of explosion.

Second, the big bang theory perfectly explains the abundance of helium and other nuclei like deuterium (an isotope of hydrogen) in the universe. The notion that the expanding universe was extremely hot in the beginning provides a reasonable explanation for why helium and deuterium seem to have existed even before star formation. Deuterium, unlike helium, is not produced in stars at all. Since stars could not have produced the deuterium, it must have been created either very early in the formation of the galaxy or even before. Despite the high temperature at the beginning, the big bang's nucleo-synthesis could create deuterium. This is because the expansion of the universe lowered the density and temperature so quickly that there was hardly time for the deuterium to decay. Thus, the abundance of helium and existence of deuterium provide strong evidence that the universe began with a hot, violent explosion consistent with the big bang model.

The most conclusive evidence for the big bang arises from the observation of cosmic background radiation. Cosmic microwave background radiation was not discovered until 1965. In 1964, two radio astronomers Arno Penzias and Robert Wilson were struggling to get rid of a constant background "noise" from their radio antenna signals. After a year, they still could not remove the

지만 반사하지는 않는 어떤 것으로부터 방출된다면 그 복사는 흑체 스펙트럼을 가지게 된다. 빅뱅이론에 의하면, 우주는 처음에는 입자들과 빛으로 채워져 있었을 것이고 매우 뜨거웠을 것이다. 그러한 환경에서 입자들은 계속해서 빛과 부딪히게 되고, 빛을 흡수했다가 재방출했을 것이다. 그런 환경에서 나온 빛은 흑체 스펙트럼을 가졌을 것이고, 그 스펙트럼의 특징적 형태는 빛이 팽창하는 우주를 여행하는 동안에는 보존되었을 것이다.

background noise. They learned that this constant signal was precisely uniform in every direction, whether they pointed the antenna toward the Sun, the Milky Way or the more empty parts of the sky. This meant that the signal was coming from far beyond our Galaxy; otherwise it would not be so uniform in all directions. If the radiation really were from the big bang, it would have a type of spectrum called the "blackbody" spectrum. Radiation has a blackbody spectrum if it is emitted by anything that absorbs and re-emits light freely but doesn't reflect it. According to the big bang model, the universe must have been at first crowded with particles and light, and must have been very hot. In that environment, the particles were constantly bumping into light, and absorbing and re-emitting it. Light from such an environment would have a blackbody spectrum, and the spectrum's characteristic shape would be preserved while the light travels through the expanding space.

problem solving

문제1 다음 그림은 프리드만의 세 가지 우주 모형을 나타낸 것이다. 각각의 우주 모형에서 우주의 크기는 시간에 따라 A, B, C와 같이 변한다.

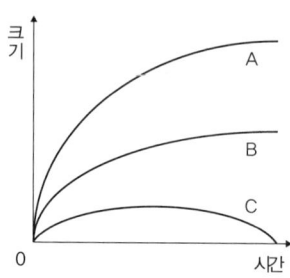

각각의 우주 모형의 공간적 특성을 이차원으로 나타낸 정답을 고르시오.

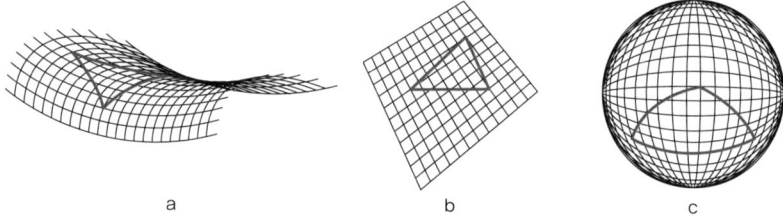

① A-a B-b C-c   ② A-a B-c C-b
③ A-b B-a C-c   ④ A-b B-c C-a
⑤ A-c B-b C-a

➡ 해답 1. ①

Example 1 Following picture represents three Friedman cosmological models. In each cosmological models, the size of space changes by time as shown in A, B and C.

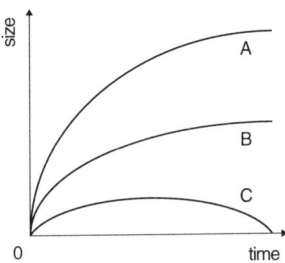

Choose a correct answer which is expressing the spatial properties of each model in two dimensions.

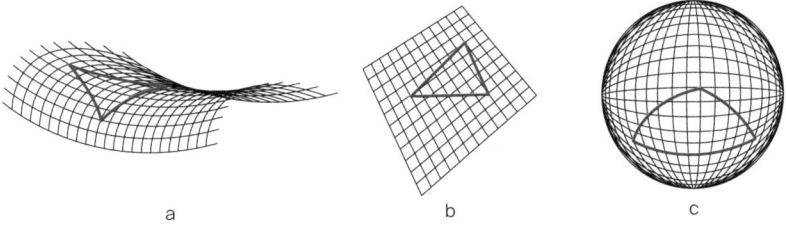

① A-a   B-b   C-c   ② A-a   B-c   C-b
③ A-b   B-a   C-c   ④ A-b   B-c   C-a
⑤ A-c   B-b   C-a

rest in physics

장애를 극복한 Stephen Hawking(스티븐 호킹)

스티븐 호킹(1942~)

　Stephen Hawking은 1942년 영국 옥스퍼드에서 태어났다. 그는 초등학교 때만 해도 공부를 잘하지 않았지만 교육열이 강했던 어머니 덕분에 중학교에 들어가면서 공부에 흥미를 가지게 되었다. 비록 출발은 늦었지만 Hawking은 뛰어난 두뇌 덕분에 금새 다른 학생들보다 두각을 나타냈다. 그는 옥스퍼드 대학에 진학해 physics(물리학)를 전공했는데, 갑자기 뜻하지 않은 시련이 닥쳤다. 하루는 친구들과 농구 시합을 하고 신발을 갈아 신으려 하는데 손에 마비가 온 것이다. 불안한 마음에 병원을 찾은 Hawking은 시간이 갈수록 근육이 굳어지는 증상을 보이는 amyotrophic lateral sclerosis(근위축성 측색경화증), 속칭 Lou Gehrig's disease(루게릭 병) 진단을 받고, 2년의 시한부 선고를 받게 된다.

　보통 사람들은 이런 상황이 닥치면 절망에 빠져 인생을 포기했겠지만, Hawking은 오히려 더 열심히 cosmology에 매진했다. 많은 사람들은 그런 Hawking을 응원했지만 케임브리지 대학의 Fred Hoyle(프레드 호일) 박사와 같은 사람들은 장애를 가진 그를 무시하기도 했다. Hoyle은 당시 big bang theory와 함께 cosmology의 두 축을 이루었던 steady state theory를 대표하는 학자였는데, 아이러니하게도 steady state theory는 Hoyle이 그렇게 무시하던 Hawking에 의해 깨지고 만다. Hoyle이 이론을 발표하는 날, Hawking은 그의 계산법의 오류를 찾아냈고, 그 후 black hole에 대한 이론을 바탕으로 하나의 점에서 big bang이 일어나면서 우주가 탄생했다는

big bang theory를 입증한다.

  Hawking은 이러한 업적을 인정 받아 Royal Society(왕립학회)의 회원이 되었는데, Royal Society에는 신입 회원들이 직접 걸어나가 회원 명부에 자신의 이름을 적는 전통이 있었다. 하지만 걷는 것은 물론 글씨도 제대로 쓸 수 없었던 Hawking은 이같은 전통을 지킬 수 없고, 당시 학회장이었던 Alan Lloyd Hodgkin(앨런 로이드 호지킨)이 명부를 Hawking에게 가져가 Hawking이 힘겹게 서명을 하자 우레와 같은 박수갈채가 터져 나왔다고 한다.

Hubble(허블)과
Hubble Space Telescope(허블우주망원경)

  Edwin Powell Hubble(에드윈 파월 허블)은 천체 관측에 입각한 현대적 cosmology를 창시하고, extragalactic astronomy(외부은하 천문학)의 시대를 연 20세기 최고의 astronomer(천문학자)로 손꼽힌다. 1889년 미국 미주리 주에서 태어난 Hubble은 수줍으면서도 꿈이 많은 소년이었다. 변호사였던 그의 아버지는 아들이 유명한 변호사로 성공하기를 원했지만 Hubble은 별의 신비에 푹 빠져 있었다. 그는 법학 대신 《해저 2만리》, 《지구에서 달까지》 등의 science fiction(공상과학소설)을 아주 좋아하여 아버지를 걱정시켰다. 아버지는 아들을 옥스퍼드 대학에 진학시켰고, Hubble은 아버지의 뜻을 좇아 법학을 선택했지만 전혀 행복하지 않았다. 그의 내면적 이상향은 여전히 밤하늘의 별들이었다.

  그러던 어느 날 Hubble은 옥스퍼드 대학을 과감히 그만두고 그보다 한참 아래 대학이었던 미국 시카고 대학으로 옮긴 후 Mount Wilson Observatory(윌슨산 천문대) 근무를 자원한다. 뒤늦게 시작한 astronomy이지만 그가 진정으로 원했던 일이기에 Hubble은 남들보다 뛰어난 업적을 남겼다. 그는 Andromeda Nebula(안드로메다 성운)가 다른 galaxy(은하)라는 것을 밝혀냄으로써 universe가 어마어마하게 크다는 사실을 입증했고, 밝기가 변하는 Cepheid variable(세페이드 변광성)을 찾아냄으로써 우주가 점점 팽창한다는 사실을 밝혀냈다. 이 발견은 훗날 big bang theory을 뒷받침하는 증거가 된다.

그리고 많은 사람들이 Hubble Space Telescope(허블우주망원경)를 Hubble이 관측 당시 사용했던 telescope라고 생각하는 경향이 있는데, 사실 Hubble Space Telescope는 1990년 NASA(미항공우주국)에서 그의 이름을 따서 우주에 쏘아 올린 space telescope이다. Telescope 자체의 성능이 뛰어나고 지구 대기의 영향을 받지 않기 때문에 지구에 설치된 고성능 telescope보다 50배 이상 미세한 부분까지 관찰할 수 있다.

인공위성에서 바라본 허블우주망원경

Time travel(시간 여행)

과거와 미래로 여행한다는 개념의 time travel은 Herbert George Wells(허버트 조지 웰스)의 소설《Time Machine》(타임머신)을 통해 대중에게 처음 알려졌고, 이후 영화의 단골 소재로 사용되고 있다. 그렇다면 time travel은 과학적으로 가능할까?

Einstein의 theory of relativity는 우리에게 time travel에 대한 단서를 제공한다. theory of relativity에 따르면 speed(속도)가 빠르면 빠를수록 그 사람의 time은 상대적으로 느리게 흘러간다. 그리고 speed가 light(빛)의 speed에 가까워지면 time은 거의 정지 상태에 가까워지게 된다. 그리고 누

군가 light의 speed로 움직인다면 그의 time의 흐름은 0, 즉 time이 전혀 흐르지 않게 되는 것이다. 그렇기 때문에 light보다 빠르게 움직이면 time의 흐름이 음수가 되어 과거로 거슬러 올라갈 수도 있을 것이라는 발상이 가능해진다.

그러나 안타깝게도 light보다 더 빠른 matter(물질)는 이론적으로 존재하지 않는다. 그리고 현재의 scientific technology(과학 기술) 또한 light의 speed를 구현할 수 없다. Time travel이 가능하려면 엄청난 출력을 가진 rocket(로켓)인 Saturn V(새턴 5호)의 4,000배에 달하는 matter-antimatter(반물질) rocket을 만들어야 한다. 또한 저장탱크와 엔진이 녹지 않게 냉각하는 기술, 우주선에 부딪히는 interstellar medium(성간물질)로부터 우주선을 보호하는 기술을 개발해야 한다. 즉 현재로서는 time travel이 불가능하다.

8

Matter and Electromagnetic Field
물질과 전자기장

Moreover, the sciences are monuments devoted to the public good; each citizen owes to them a tribute proportional to his talents. While the great men, carried to the summit of the edifice, draw and put up the higher floors, the ordinary artists scattered in the lower floors, or hidden in the obscurity of the foundations, must only seek to improve what cleverer hands have created.

— Charles Augustin de Coulomb

나아가 과학은 공공의 이익에 바쳐진 기념비들이다. 모든 시민은 자신의 재능에 비례한 헌사를 과학에 빚지고 있다. 체계의 정상에 도달한 위대한 사람들은 더 높은 지평을 그려서 제시하는 한편, 더 낮은 지평에 흩어져 있거나 토대의 어둠 속에 감춰져 있는 평범한 예술가들은 더 똑똑한 사람들이 창조한 것을 향상시키기 위한 노력이라도 해야 한다.

— 샤를 오귀스탱 드 쿨롱

basic concept

물질과 전자기장의 의미
Meaning of Matter and Electromagnetic Field

우리 주변의 모든 object(물체)는 matter(물질)로 이루어져 있다. Size(크기)나 appearance(외형)에 중점을 둔 용어가 object이고, 그 object를 이루는 material(재료, 소재)에 중점을 둔 것이 matter이다. 예를 들어, plastic(플라스틱)으로 만든 ruler(자)는 object이고 plastic은 matter가 된다. 모든 matter는 atom(원자) 또는 molecule(분자)로 이루어져 있으며, solid(고체), liquid(액체), gas(기체)와 같은 여러 state(상태)로 존재한다. 그리고 plasma(플라스마), colloid(콜로이드)와 같은 amorphism(비결정성)의 state로도 존재한다. Matter의 각각의 state는 고유의 특별한 성질에 따라 분류할 수 있다. 예를 들어 solid는 그것을 구성하는 atom들의 combination(결합) 방식에 따라 metal(금속), ion(이온)으로 분류할 수 있고, regular arrangement(규칙적 배열)의 유무에 따라 crystal(결정)과 amorphism으로 분류할 수 있다. Chemistry(화학)에서 matter는 compound(화합물)를 포함한 pure substance(순물질)와 mixture(혼합물)를 합한 것을 뜻한다. 프랑스의 chemist(화학자)인 Antoine Lavoisier(앙투안 라부아지에)는 matter의 quality과 quantity를 측정하는 실험을 했는데, 실험 결과 chemical change(화학 변화)가 일어나기 전과 후의 matter의 mass(질량)는 항상 일정하다는 law of conservation of mass(질량보존의 법칙)를 세웠고 element(원소)의 개념을 확립했다.

Electromagnetic field는 electric field(전기장)와 magnetic field(자기장)를 통틀어 일컫는 말이다. Electric field에서 나오는 electric force(전기력)

와 magnetic field에서 나오는 magnetic force(자기력)는 별개의 force가 아니라 근본적으로 같은 force이다. electric field는 electrostatic charge(정전하)의 주위에, 그리고 magnetic field는 magnetic pole(자기극) 주위에 생기는 것으로 각각 독립된 물리 대상이지만, electric charge(전하)가 운동하여 electric field가 변동하는 곳에서는 반드시 magnetic field가 생기고, 반대로 magnetic field가 변동하면 electric field이 동반되는 등, 동시에 나타나는 경우가 많기 때문이다. 그리고 electromagnet(전자석)과 같이 electricity(전기)로 magnetic force를 만들 수 있고, 반대로 electric generator(발전기)처럼 magnetic force로 electricity를 만들 수도 있기 때문이다. 이처럼 electricity와 magnetism(자기)은 interaction(상호작용)하기 때문에 분리할 수 없으며, 두 가지를 연구하는 학문을 electromagnetism(전자기학) 또는 electromagnetics라고 한다. Electromagnetism에는 static electricity(정전기)를 연구하는 electrostatics(정전기학), 정지 state에 있는 magnet(자석)이 나타내는 magnetism을 연구하는 magnetostatics(정자기학), 그리고 electricity와 dynamics(역학)의 interaction을 연구하는 electrodynamics(전기역학) 등이 있다.

Electromagnetism을 본격적인 science(과학)의 한 분야로 다루게 된 계기는 18세기 말 프랑스의 Charles Augustine de Coulomb(샤를 오귀스탱 드 쿨롱)이 Coulomb's Law(쿨롱의 법칙)를 발견하면서 시작되었다. 그리고 1799년 Alessandro Volta(알레산드로 볼타)에 의해 battery(전지)가 발명되면서 flow of electricity(전류)를 쉽게 얻을 수 있게 되어 flow of electricity에 대한 정확한 측정이 가능하게 되었다. 이어 Michael Faraday(마이클 패러데이)가 electromagnetic induction(전자기유도)을 발견하였으며, James Clerk Maxwell(제임스 클러 맥스웰)이 이것을 equation(방정식)으로 mathematization(수식화)함으로써 electromagnetism이 완성되었다.

reading physics

전기력과 전하

두 물체가 서로 달라붙는 현상은 흔히 전하로 설명될 수 있다. 두 물체를 서로 문질렀을 때 순 전하를 얻을 수 있다. 전하는 새로 생겨나는 것도, 그렇다고 없어지는 것도 아니고 항상 보존된다. 전하는 또한 항상 양자화될 수 있는데, 이는 전하가 항상 기본 단위의 정수배(integral multiple)로 나온다는 것을 의미한다.

전하에는 두 종류가 있다. (−)라는 기호가 붙는 음전하와 (+)기호가 붙는 양전하이다. 같은 기호를 가진 전하는 서로 밀어내고 다른 전하는 서로 끌어당긴다. 전자보다 양성자가 더 많을 때 양전하를 띠게 되며, 반대로 전자가 양성자보다 많으면 음전하를 띠게 된다. 전자와 핵 사이에 작용하는 인력을 전기력이라고 한다. 같은 거리에 있다면, 두 전자 사이에 작용하는 전기력은 두 양성자 사이에 작용하는 전기력과 같은 크기를 가진다. 이는 전기력이 입자의 질량에 따라 결정되는 것이 아니라는 것을 의미한다. 그 대신 전기력은 새로운 양에 따라 달라지는데, 이 새로운 양을 전하라고 한다.

전하를 나타내는 기호는 q, $-q$, 또는 Q라고 표기한다. 전하는 쿨롱(coulomb)을 나타내는 'C'라는 단위로 측정된다. 전자와 양성자의 전하량이 같을 때 단위 전하량은 기호 'e'를 써서 나타낸다.

쿨롱의 법칙

쿨롱(1736–1806)

1785년에서 1787년 사이, 프랑스의 물리학자였던 샤를 오귀스탱 드 쿨롱은 전하에 관한 일련의 실험을 실시했다. 그는 결국 오늘날 쿨롱의 법칙으로 알려진 것을 수립했다. 이 법칙에 따르면, 두 전하 사이에서 작용하는 힘은 두 전하의 곱에 비례하고

Electric Force and Electric Charge

The phenomena of two objects sticking together can be often be explained by electric charge. A net electric charge can be gained when two objects are rubbed together. A charge is never created nor destroyed—it is always conserved. It is also always quantized, this means it always comes in an integral multiple of a basic unit.

There are two types of charge: the negative charge, which is labeled as (-) and the positive charge, which is labeled as (+). Charges with like signs repel and unlike charges attract. A positive charge comes from having more protons than electrons, while a negative charge comes from having more electrons than protons. The attractive force between the electrons and the nucleus is called the electric force. The electric force between two electrons is the same as the electric force between two protons when they are placed at the same distance. This implies that the electric force does not depend on the mass of the particle. Instead, it depends on a new quantity. This new quantity is called the electric charge.

The symbol for electric charge is written q, -q or Q. The unit for measuring electric charge is the coulomb "C." When the charge of one electron is equal to the charge of one proton, the number is given the symbol "e."

거리의 제곱에 반비례한다. 같은 성질을 가진 두 개의 전하는 서로를 밀어내지만, 성질이 다른 두 전하는 서로를 끌어당긴다.

$$F = k\frac{q_a q_b}{r^2}$$

여기서 F는 입자 간의 힘이고 q_a와 q_b는 입자 a와 b의 전하를 가리킨다. 입자간 분리는 r이고 k는 상수 $8.99 \times 10^9 (\text{Nm}^2/\text{C}^2)$이다. 이때 힘은 중력의 작용과 유사하게 이차방정식(quadratic)을 따른다는 점에 주목하자. 이 힘은 F가 음의 값, 즉 전하들이 반대의 기호일 때 끌어당긴다. 반대되는 것끼리는 끌어당기고 같은 것끼리는 밀어낸다. 물론 힘은 벡터이고, 이 경우 벡터는 r과 병렬로 향한다는 것을 기억하자.

만약 전하 'a'가 몇몇 다른 전하들과 같이 있다면 'a'가 느끼는 힘은 다른 전하들의 힘의 합이다. 예를 들어 a, b, c의 세 개의 전하가 있다면 a가 느끼는 합력은 다음과 같다.

$$\vec{F_a} = k\frac{q_a q_b}{r^3_{ab}}\vec{r} + k\frac{q_a q_c}{r^3_{ac}}\vec{r}$$

'r_{ab}'는 a와 b간의 분리"

정전기유도

정전기유도는 대전된(electrically charged) 물체가 직접 접촉하지 않고도 다른 물체에 전기적 불균형을 초래하는 과정을 말한다. 대전된 물체는 정전기장에 둘러싸여 반경 몇 피트 내에서도 전자를 끌어당기거나 밀어낼 수 있게 된다. 일상생활에서 볼 수 있는 예로는 텔레비전 화면에 먼지가 달라붙는 것이나, 스웨터에 풍선을 문지르면 그 풍선이 옷에 달라붙는 것을 들 수 있다. 대전된 물체의 정전기장은 주변에 있는 물체들의 양전자들을 끌어당겨 그것들이 표면 위에 고루 퍼지게 한다. 총 전하량은 동일하게 유지되지만, 한 쪽의

Coulomb's Law

Between 1785 and 1787, the French physicist Charles Augustine de Coulomb performed a series of experiments involving electric charges. He eventually established what is nowadays known as Coulomb's law. According to this law, the force acting between two electric charges is radial, inverse-square, and proportional to the product of the charges. Two like charges repel one another, whereas two unlike charges attract.

$$F = k\frac{q_a q_b}{r^2}$$

Here, F is the force between the particles, and qa and qb refer to the charges of particles a and b. The separation between the particles is r, and k is a constant, 8.99×10^9 (Nm²/C²). Note that the force is quadratic, similarly to the behavior of the gravitational force. The force is attractive when F is negative, when the charges have opposite signs. Opposites attract and like charges repel. Of course, remember that force is a vector, which in this case points parallel to r.

If charge 'a' is in the presence of several other charges, the force that 'a' feels is the sum of the forces from the other charges. For instance if there are three charges, a, b, and c, the net force felt by 'a' is:

$$\vec{F}_a = k\frac{q_a q_b}{r_{ab}^3}\vec{r} + k\frac{q_a q_c}{r_{ac}^3}\vec{r}$$

"r_{ab}" is the separation between a and b.

전자들은 대전된 물체 쪽으로 이끌리게 될 것이고, 그렇게 되면 다른 쪽은 더욱 음전하를 띠게 된다.

이런 식으로 재분배된 전자들(electrons redistributed)을 보유하고 있는 물체 A가 전도성이 있는 물체 B와 접촉하게 되면 양전자들은 물체 B로 흘러 들어간다. 이는 양전자 역시 정전기장에 이끌리기 때문이다. 전자들의 이런 움직임은 도체가 땅 위에 놓여 있을 때도 발생할 수 있다. 결국 이것은 물체 A가 전자들의 불균형을 겪게 되고 양으로 대전될 것임을 의미한다.

전기력선

전기장이라는 개념은 마이클 패러데이에 의해 소개되었다. 중력장의 힘이 질량을 가진 두 물체 사이에서 작용하는 것과 마찬가지 방식으로 전기장의 힘 역시 두 전하 사이에서 작용한다. 전기장은 양전하, 음전하 모두의 주위에 존재한다. 한 전하가 다른 전하의 옆에 놓이게 되면, 두 전기장은 '접촉하게' 되고 서로에게 힘을 가하게 된다. 전기장 자체는 힘이 아니지만 힘을 가한다.

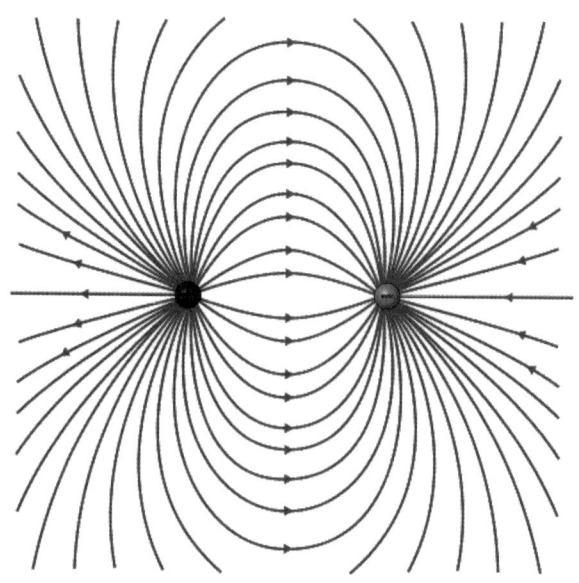

Electrostatic Induction

Electrostatic induction is the process by which an electrically charged object can create an electric imbalance in another without even touching it. Charged objects are surrounded by an electrostatic field which can attract and repel electrons within a radius of several feet. An everyday example would be dust being attracted to a TV, or why a balloon will stick to your clothes after you've rubbed it on your jumper. A charged object's electrostatic field attracts the positive electrons in the objects surrounding it, causing them to redistribute on the surface. While the overall net charge will remain the same, the electrons on one side will be attracted towards the charged object, which leaves the other side more negatively charged.

If an object with electrons redistributed in this way (object A) then comes into contact with a conductive object (object B) the positive electrons will rush into it, because they are also attracted by the electrostatic field. This movement of electrons will occur even if the conductor is grounded. Consequently, this means object A will have an imbalance of electrons and will be positively charged.

Electric Field Lines

The concept of the electric field was introduced by Michael Faraday. The electrical field force acts between two charges, in the same way that the gravitational field force acts between two masses.

전기장은 화살표를 가진 여러 개의 선분들로 도식화할 수 있는데, 이를 전기력선이라고 한다. 전기력선은 전기장의 방향과 세기에 따라 그려진다. 전기장의 방향은 전기력선 위에 화살표로 나타낸다. 전기장의 세기는 단위 면적 당 전기력선의 개수에 비례한다. 전기력선은 전기장의 방향뿐만 아니라 세기까지 결정한다. 특히 전기장은 전기력선이 밀집된 지점들에서 강하고, 띄엄띄엄 떨어진 곳에서 약하다. 유추하자면(by analogy), 음전하와 관련된 전기력선은 끊어지지 않고 일정한 간격(그리고 일정한 각도)에 있는 일련의 직선들일 것이다. 대개 고정된 전하에 의해 생겨난 전기력선은 다음과 같은 특징들을 가진다. 전기력선은 먼저 양전하에서 시작되어 음전하에서 끝나고, 또 선이 끊어지지 않으며 전하 사이에 있는 진공 영역들에서 서로 교차하지 않는다.

An electric field exists around both positive and negative charges. If one charge is placed near a second charge, the two fields will "touch" and exert a force on each other. The field is not a force, but it does exert a force. An electric field can be represented diagrammatically as a set of lines with arrows, called electric field-lines. Electric field-lines are drawn based on the direction and magnitude of the field. The direction of the electric field is represented by the arrows on the field lines. The magnitude of the field is proportional to the number of field-lines per unit of area. Field-lines determine the magnitude, as well as the direction, of the electric field. In particular, the field is strong at points where the field-lines are closely spaced, and weak at points where they are far apart. By analogy, the electric field-lines associated with a negative point charge are a set of unbroken, evenly spaced (in uniform angle) straight lines which converge on the charge. As a general rule, electric field-lines generated by fixed charges have the following characteristics: they begin on positive charges, end on negative charges, and are unbroken and never cross in the vacuum regions between charges.

문제1 제시문이 참(T)인지 거짓(F)인지 표시하시오.

a. 전기적 성질을 띠는 전하는 양전하만 있다. ( )
b. 대전된 물체가 대전되지 않은 물체에 가까이 갈 때 전기적 불균형으로 대전되는 현상을 정전기유도라 한다. ( )
c. 전기력선은 전기장의 세기가 셀수록 조밀하게 표시한다. ( )

Example 1 Indicate whether the statement is true(T) or false(F).

a. In the charge having electric nature, there is only positive charge. ( )

b. The phenomenon charged by the electric imbalance as the charged object gets close to the not charged object is called electrostatic induction. ( )

c. As the strength of electric field becomes stronger, the electric line of force is densely indicated. ( )

문제2 그림 (A)는 고정된 두 점의 전하 'A', 'B'가 x축 상에 있는 것을 나타낸 것이고, 그림 (B)는 A, B에 의한 x축 상의 전기장을 위치에 따라 나타낸 것이다. 전기장의 방향은 $+x$방향을 (+)로 표시한다. 정답을 모두 고르시오.

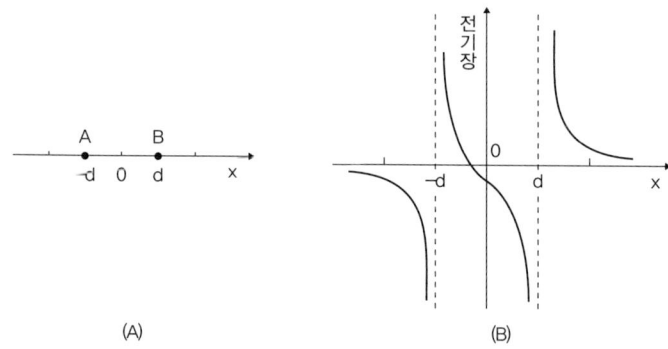

a. A와 B는 서로 다른 종류의 전자이다.
b. A의 전하량이 B의 전하량보다 작다.
c. $x=0$에서의 전기장의 세기는 $x=0.5d$에서보다 크다.

➜ 해답　**1.** a $-$ T, b $-$ F, c $-$ F　　**2.** b

Example 2 The picture (A) shows two fixed point charges A and B on x-axis, and the picture (B) shows the electric field by A and B on x-axis per locations. For the direction of electric field, +x direction is expressed as (+). Choose all correct answers.

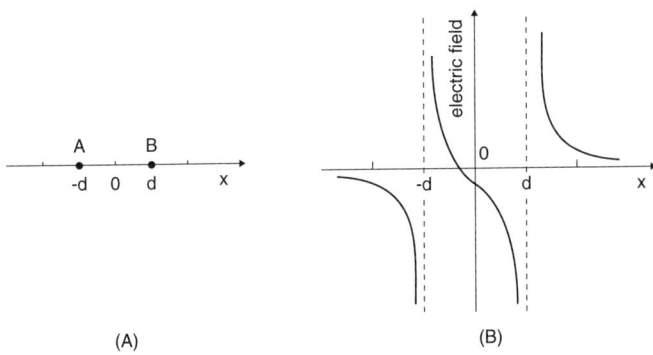

(A)　　　　　　　　　　(B)

a. A and B are different type of electrons.
b. The quantity of electric charge of A is lower than B's.
c. The magnitude of electric field at $x=0$ is bigger than the one at $x=0.5d$.

rest in physics

군대에서 꿈을 이룬 Coulomb(쿨롱)

 Charles Augustin de Coulomb(샤를 오귀스탱 드 쿨롱)의 어머니는 교육열이 대단해서 Coulomb의 학업에 대한 지원을 아끼지 않았다. Coulomb은 특히 mathematics(수학)에 관심이 많아서 mathematics 문제를 풀거나 책을 읽는데 많은 시간을 보냈다. 하지만 아버지의 사업 실패로 생활이 어려워지면서 mathematician(수학자)이 되겠다는 그의 꿈도 점점 멀어져 갔다. 그때 한 가지 해결책이 떠올랐다. 그것은 바로 공병대에 입대하는 것이었다. 공병대에 지원하면 군사학교에서 공부를 계속할 수 있었는데, 당시 군사학교의 강의 수준이 아주 높았기 때문에 그는 infinitesimal calculus(미적분)와 kinetics(동역학) 등의 과목을 마음껏 공부할 수 있었다.
 대학을 졸업하고, 2년 후 기술 장교가 된 Coulomb은 the Caribbean Sea(카리브 해)의 Martinique(마르티니크) 섬으로 파견되어 요새 건설을 지휘하게 되었다. 그가 건설을 담당한 요새는 1,200여 명의 인원이 동원될 만큼 큰 규모였는데, 공사 도중 많은 희생자가 발생했고 Coulomb 자신도 병에 걸려 여러 번의 죽을 고비를 넘겼다. 하지만 힘들었던 만큼 많은 경험을 쌓을 수 있었고, 요새 공사를 하면서 Coulomb은 실력 있는 과학 기술자로 성장하게 되었다.
 Coulomb은 어머니가 세상을 떠나는 바람에 장례식에 참석하기 위해 파리로 돌아왔다. 그러나 슬픔에 잠길 시간도 없이 French Revolution(프랑스혁명)의 여파에 Coulomb은 육군 장교의 지위를 잃고 목숨만 간신히 부지한 채 파리를 탈출하게 되었다. 시골로 내려온 Coulomb은 과학 연구에 몰두할 수 있는 시간을 얻었고, electric charge를 띤 물체 사이에 작용하는 힘과 자석과 자석 사이에서 작용하는 인력과 척력을 측정해 Coulomb's law(쿨롱의 법칙)를 수립했다.

세계 최초의 capacitor(축전기)

인간은 오래 전부터 불을 얻기 위해 rubbing(마찰)을 이용했고, electricity를 발견한 초기에도 주로 유리 막대나 유리관의 rubbing을 이용해서 electricity를 얻었다. 이런 식으로 electricity를 얻다 보니 불편한 점은 electricity를 만들기 위해 매번 rubbing을 해야 한다는

축전기를 실험 중인 뮈스헨부르크(1692-1761)

것과, 그렇게 힘들게 만든 electricity를 곧바로 사용하지 않으면 금방 electric discharge(방전)가 된다는 점이었다. 그래서 사람들은 electricity를 저장했다가 쓰고 싶을 때 언제든지 쓸 수 있는 장치를 원하기 시작했다.

1746년 네덜란드의 physicist(물리학자)인 Pieter van Musschenbroek(피터르 판 뮈스헨브루크)는 electricity를 발생시키는 장치인 electric motor(전동기)에서 발생한 frictional electricity(마찰전기)를 오랫동안 저장할 만한 방법이 없을까 고민했다. 그는 이 의문에 대한 해답을 얻기 위해 반복된 실험을 하다가 병 속에 액체를 담아 실험해 보기로 했다. 그는 유리병의 목 부분까지 물을 채우고 쇠막대의 한쪽에 쇠사슬을 묶어 병 속에 집어 넣고 쇠막대의 다른 한쪽을 electric motor에 연결하고 전원을 켰다. 그런데 옆에서 실험을 돕던 조수가 무심결에 쇠막대를 만졌다가 electric shock(감전)를 경험하고 숨이 넘어갈 듯한 비명을 질렀다. 덕분에 Musschenbroek는 물이 담긴 병에 electricity를 저장할 수 있다는 것을 알게 되었고, 최초의 capacitor인 Leyden jar(라이덴 병)가 발명되었다.

9

Magnets and Magnetic Field
자석과 자기장

In the discovery of secret things and in the investigation of hidden causes, stronger reasons are obtained from sure experiments and demonstrated arguments than from probable conjectures and the opinions of philosophical speculators of the common sort.

— William Gilbert

비밀한 것을 발견하고 숨겨진 원인을 조사함에 있어, 강력한 근거는 그럴듯한 추측과 평범한 철학적인 사색가들의 의견들이 아닌, 확실한 실험과 시현된 논증으로부터 얻을 수 있다.

— 윌리엄 길버트

basic concept

자석과 자기장의 의미
Meaning of Magnets and Magnetic Field

Magnet(자석)이라는 말은 Magnesian stone, 즉 '마그네시아의 돌'이라는 뜻의 그리스어에서 유래되었는데, magnetic field(자기장)를 발생시키는 material(물질)이나 object(물체)를 가리킨다. Magnet은 magnetism(자성)의 종류에 따라 permanent magnet(영구자석)과 temporary magnet(일시자석)으로 나뉘어지고, 형태에 따라 bar magnet(막대자석), horseshoe magnet(말굽자석) 등으로 나뉜다. Compass(나침반)도 크기는 작지만 permanent magnet에 속한다. Permanent magnet은 외부의 magnetic field를 제거해도 계속해서 magnetism을 띠는 material이지만, temporary magnet은 electromagnet(전자석)과 같이 magnetic field를 제거하면 magnetism이 사라지는 magnet을 가리킨다. Iron(철), nickel(니켈), cobalt(코발트) 등의 material을 magnetization(자기화)하면 강한 magnetism을 띠게 되는데, 이러한 material을 ferromagnetic material(강자성체)이라고 하고, ferromagnetic material의 성질을 ferromagnetism(강자성)이라고 한다.

Magnetic field는 flow of electricity(전기의 흐름) 즉 electric current(전류)가 흐를 때 생기는 electric field(전기장)에 의해서 발생하는데, flow of electricity라는 것은 electric charge(전하)의 이동을 가리킨다. 다시 말해 electric charge를 가진 object가 움직이면 그것이 바로 flow of electricity가 된다. Magnet을 이루고 있는 Fe(철) atom(원자)은 electron(전자)을 포함하고 있는데, 이 electron은 atomic nucleus(원자핵) 주위를 빠른

speed(속도)로 돌고 있다. 즉, electron이라는 electric charge를 가진 object가 움직이는 것이다. 그래서 이 Fe atom이 포함하는 electron의 circular motion(원운동)에 의한 loop electric current(원형 전류)가 magnetic field를 만드는 것이다. 이와 같이 electric field와 magnetic field는 interaction(상호작용)하며, 이 principle(원리)은 electric generator(발전기), electric motor(전동기) 등에 널리 이용된다. Magnetic field는 iron과 같은 material을 끌어당기며, 다른 자석의 같은 magnetic pole(자기극)끼리는 repel(밀어내다)하고, 다른 magnetic pole끼리는 attract(끌어당기다)하는 작용을 한다.

Magnetic field는 magnetic pole의 north pole(N극)에서 나와서 south pole(S극)로 들어가는 연속적인 line of magnetic force(자기력선)로 나타낼 수 있는데, 이 line의 density(밀도)는 magnetic field의 세기를 나타낸다. 예를 들어, magnetic field의 세기가 센 양쪽 pole에는 line of magnetic force가 밀집되어 있고, 양쪽 pole로부터 점차 멀어져 magnetic field의 세기가 약한 곳에서는 line of force가 갈라져서 density가 점차 낮아진다. Line of magnetic force를 나타내는 국제 단위계는 Wb(웨버)이다.

한편 compass의 magnetic needle(자침)과 같은 permanent magnet은 earth(지구)의 magnetic field의 방향으로 정렬하는데, 주위에 다른 영향을 미치는 magnetic force(자기력)가 없는 경우 compass의 magnetic needle의 N극은 항상 north pole을 가리킨다. 이를 통해 earth(지구) 자체를 하나의 커다란 magnet으로 생각할 수 있다. 이처럼 earth에 의해 형성된 magnetic field를 Earth's magnetic field(지구 자기장) 또는 geomagnetic field라고 한다.

reading physics

오늘날의 많은 전기 기기들이 작동하기 위해서는 자석이 필요하다. 이처럼 자석에 의존하게 된 것은 비교적 최근의 일인데, 대부분의 현대적 기기들이 자연 상태에서 발견되는 자석보다 더 강력한 자석을 필요로 하기 때문이다.

자석

자석은 자기장을 만들어내는 물질이나 물체이다. 자기장은 전기장과는 다르다. 이 두 개의 장은 서로 관련이 있지만, 각각 다른 일을 한다. 자기력선과 자기장의 개념은 마이클 패러데이에 의해 처음 고찰되었고, 이후에는 제임스 클럭 맥스웰이 논의했다. 이 두 명의 영국 과학자들은 전자기학 분야에서 위대한 발견을 했다.

자석의 기본 종류에는 세 가지가 있는데, 영구자석, 일시자석, 그리고 전자석이다. 영구자석은 자기적 성질을 오랫동안 지닌다. 일시자석은 강한 자기장의 범위 내에(within a range of a strong magnetic field) 있어야만 영구자석처럼 기능하는 자석들이다. 일시자석은 자기장으로부터 멀어지자마자(as soon as) 자성을 잃게 된다. 일시자석처럼 기능하는 물건에는 클립과 쇠못, 그리고 다른 금속 물체들이 있다. 전자석은 전선 코일을 단단히 감은 자석이다. 대개 안에 철심이 있는 전선 코일에 전류가 흐르게 되면 전자석은 영구자석처럼 기능한다. 전자석의 자기장의 세기와 극성은 쉽게 바꿀 수

마이클 패러데이(1791-1867)

Many of today's electronic devices require magnets to function. This reliance on magnets is relatively recent, primarily because most modern devices require magnets that are stronger than the ones found in nature.

Magnets

A magnet is a material or object that produces a magnetic field. Magnetic fields are different from electric fields. Although both types of fields are interconnected, they do different things. The idea of magnetic field lines and magnetic fields was first examined by Michael Faraday and later by James Clerk Maxwell. Both of these English scientists made great discoveries in the field of electromagnetism.

There are three basic kinds of magnets: permanent, temporary and electromagnets. Permanent magnets retain magnetic properties for a long time. Temporary magnets are those that act like permanent magnets only when they are within a range of a strong magnetic field. As soon as these magnets are removed from the field, they lose their magnetism. Some objects that act as temporary magnets are paperclips, iron nails, and other metal objects. Electromagnets are magnets that are a tightly wound coil of wire. When a current flows through the coil of wire, usually with an iron core, it acts like a permanent magnet. It is easy to change the strength and polarity of the magnetic field of

있다. 전선을 흐르는 전류의 크기와 전하의 방향을 바꾸기만 하면 된다. 이러한 유형의 자석들은 건설 현장에서 케이블이나 철골 등을 들어올리는 대형 크레인이나 텔레비전, 컴퓨터, 라디오, 비디오테이프, 스피커를 비롯한 많은 물건들에서 사용된다.

자성

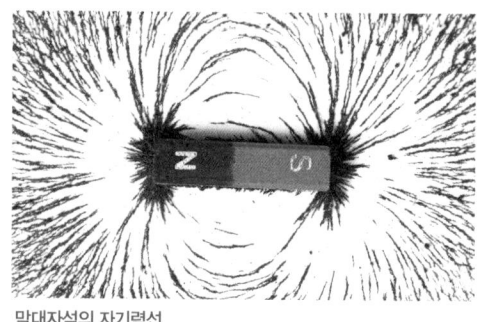

막대자석의 자기력선

자성은 물체를 끌어당기거나 밀어내는 힘이다. 보통 이런 물체들은 철과 같은 금속이다. 서로 끌어당기고 밀어내려는 힘은 자기장 때문에 발생한다. 자기장은 대전된 입자들을 움직임으로써 발생한다. 자기장은 영구자석 주위에 항상 존재한다. 자석은 강한 자기장을 보여주는 물체이고, 물질들을 그것으로 끌어당긴다. 자석에는 엔극(N) 과 에스극(S)이라고 하는 두 개의 극이 있다. 두 개의 자석은 서로 다른 극끼리 끌어당기고 같은 극끼리는 서로 밀어낸다.

전자석과 전자기

전자석은 자석과 같은 작용을 하는 물체이지만, 전자석의 자기력은 전기에 의해 만들어지고 통제되기 때문에 전자석이라는 이름이 붙게 되었다. 쇠붙이에 절연된 전선을 감고 전선에 전류를 흘려 보내면, 쇠붙이는 자성을 띠게 된다. 이러한 현상은 전기가 전선을 타고 흐르면 전선 주위에 자기장이 형성되기 때문이다. 이때 전선으로 코일을 만들면 자기장이 집중된다. 전선으로 철심 주위를 감으면 자기장의 세기는 매우 커지게 된다. 만약 철심을 넣지 않으

electromagnets. This can be done by changing the magnitude of the current flowing through the wire and changing the direction of electric charge. These types of magnets are used in large cranes, lifting cables and rods during construction, televisions, computers, radios, videotapes, speakers, and many other things.

Magnetism

Magnetism is the force by which objects are attracted to or repelled from one another. Usually these objects are metals such as iron. Attractive and repulsive forces arise due to a magnetic field. A magnetic field can be created by moving electrically charged particles. Magnetic fields exist around permanent magnets at all times. A magnet is an object that exhibits a strong magnetic field and will attract materials to it. Magnets have two poles, called the north (N) and south (S) poles. Two magnets will be attracted by their opposite poles, and each will repel the like pole of the other magnet.

Electromagnets and Electromagnetism

An electromagnet is an object that acts like a magnet, but its magnetic force is created and controlled by electricity—thus the name electromagnet originates. By wrapping insulated wire around a piece of iron and then running an electrical current through the wire, the iron becomes magnetized. This happens because a magnetic field is created around a wire when it has an electrical current running through it. Creating a coil of wire

면 보다 약한 전자석을 만들 수 있다. 그러한 전자석을 솔레노이드라고 한다.

자기장

앙드레 마리 앙페르(1775-1836)

자기장은 물체가 자기적 효과를 보여주는 공간이다. 자기장은 자기력선을 따라 인접한 물체들에 영향을 미친다. 자성을 띤 물체는 다른 자성을 띤 물체를 끌어당기거나 밀어낼 수 있다. 자기장 안에 물체를 놓으면, 물체는 자기장의 영향을 받게 된다. 이러한 효과는 자기력선을 따라 일어나게 될 것이다. 자기극이란 자기력선이 시작하고 끝나는 지점이다. 자기력선은 자기극들로 모인다.

앙드레 마리 앙페르라고 하는 프랑스의 과학자는 전기학과 자기학과의 관계를 연구했다. 그는 움직이는 전하 즉 전류에 의해 자기장이 형성된다는 것을 발견했다. 그는 또한 움직이는 전하는 자석의 영향을 받는다는 것도 알아냈다. 반면(on the other hand) 움직임이 없는 전하는 자기장을 형성하지도 않고 자석의 영향도 받지 않는다.

전류가 흐르는 두 전선을 옆에 나란히 놓으면 마치 두 개의 자석처럼 서로 끌어당기거나 밀어내게 된다. 이러한 현상은 모두 움직이는 전하와 관련이 있다(has to do with).

자기장은 로렌츠 힘의 법칙을 이용하여 정의할 수 있다:

$$\vec{F} = q\vec{E} + q\vec{v} \times \vec{B}$$

전기력 　 속력 　 자기력

concentrates the field. Wrapping the wire around an iron core greatly increases the strength of the magnetic field. You can create a less powerful electromagnet without the iron core. That is usually called a solenoid.

Magnetic Fields

Magnetic fields are areas where an object exhibits a magnetic influence. The fields affect neighboring objects along the magnetic field lines. A magnetic object can attract or push away another magnetic object. If you place an object in a magnetic field it will be affected. This effect will happen along field lines. Magnetic poles are the points where the magnetic field lines begin and end. Field lines converge or come together at the poles.

A French scientist named André-Mariè Ampere studied the relationship between electricity and magnetism. He discovered that magnetic fields are produced by moving charges or currents. He also found that moving charges are affected by magnets. Stationary charges, on the other hand, do not produce magnetic fields, and are not affected by magnets.

Two wires that have a current flowing through them when placed next to each other, may attract or repel like two magnets. It all has to do with moving charges.

Magnetic fields can be defined using the Lorentz force law:

$$\vec{F} = \underbrace{q\vec{E}}_{\text{Electric force}} + \underbrace{q\vec{v} \times \vec{B}}_{\substack{\text{Velocity} \quad \text{Magnetic} \\ \text{force}}}$$

전기력은 *q*로 나타낸 전하가 양의 값을 가지면 전기장의 방향으로 흐르지만, 자기력의 방향은 오른손법칙(the right hand rule)을 이용해 결정된다.

자기장을 나타내는 표준 국제단위는 테슬라인데, 이것은 로렌츠 힘의 법칙의 자기력 부분에서 찾을 수 있다. 우리는 (뉴턴×초)/(쿨롱×미터)로 이루어진 **Fmagnetic** = ***qv*B** 라는 방정식을 통해 자기장의 크기를 수량화할 수 있다. 이보다 작은 자기장의 단위는 가우스(1 테슬라 = 10,000 가우스)이다.

The electric force follows the direction of the electric field if the charge q is positive, but the direction of the magnetic part of the force is determined using the right hand rule.

The standard SI unit for magnetic fields is the Tesla, which can be seen in the magnetic part of the Lorentz force law. We quantify the magnetic field using this equation: Fmagnetic = qvB (to be composed of (Newton × second)/(Coulomb × meter). A smaller magnetic field unit is the Gauss (1 Tesla = 10,000 Gauss).

problem solving

문제1 직선 도선으로부터 같은 거리에 있는 동서남북 방향의 네 지점에 동일한 나침반을 놓았더니 모두 북쪽을 가리켰다. 잠시 후 직선 도선에 전류를 흘려 보냈더니 북쪽을 가리키던 자침 a의 N극이 서쪽으로 30° 회전한 채 정지했다. 정답으로 옳은 것을 모두 고르시오. (단 이 지역의 지구자기장의 수평자력은 0.45×10^{-4}T이고, 자기편차는 0°이다.)

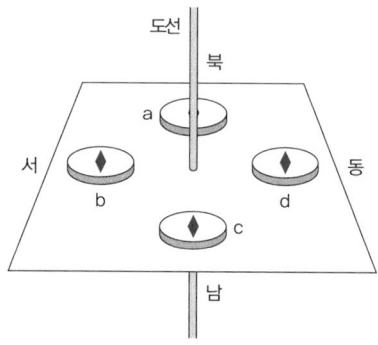

a. 전류는 도선의 아래쪽 방향으로 흐른다.

b. 자침 a가 놓인 곳에서 전류에 의한 자기장의 세기는 지구자기장의 수평자력보다 크다.

c. 자침 b의 N극은 남쪽을 가리킨다.

d. 자침 c의 N극은 동쪽으로 30° 회전한다.

e. 자침 d의 N극은 서쪽으로 30° 회전한다.

Example 1 When the same compasses are put on 4 positions where are apart same distances from straight conducting wires in the directions of East, West, and South and North, they all point to the North. A moment later North Pole of compass needle 'a' rotated 30° toward the West and stopped when the current was released in straight conducting wires. Choose all correct answers. (But, the horizontal component of geomagnetic field in this area is 0.45×10^{-4} T and the magnetic declination is $0°$.)

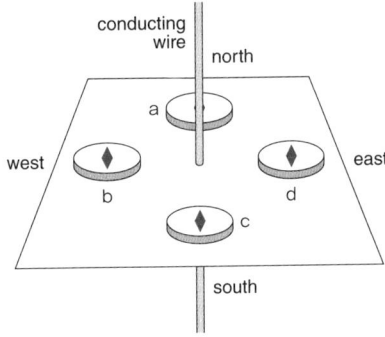

a. The current flows downward direction in conducting wire.

b. The magnitude of magnetic field by the current at the position where a compass needle 'a' is put is bigger than the horizontal component of geomagnetic field.

c. North pole of a compass needle 'b' points to the South.

d. North pole of a compass needle 'c' rotates 30° to the East.

e. North pole of a compass needle 'd' rotates 30° to the West.

문제2 그림 (A), (B)는 반지름이 r인 원형 도선을 보여준다. 두 도선에 같은 세기의 전류 I가 두 도선을 흐를 때, 두 원의 중심인 P와 Q에서의 자기장에 대한 설명으로 옳은 것을 모두 고르시오.

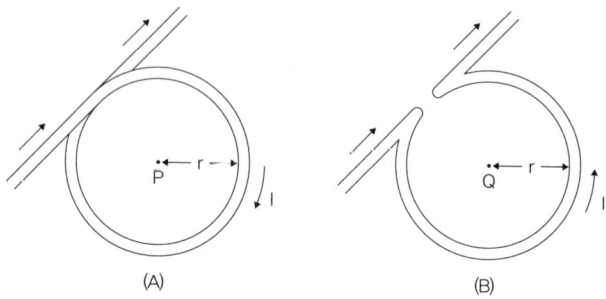

a. P점에서 직선 전류와 원형 전류가 만드는 자기장의 방향은 서로 반대이다.
b. Q점에서 자기장의 방향은 종이의 표면과 수직 방향이다.
c. P점에서의 자기장의 세기는 Q점에서보다 크다.

➡ 해답 **1.** d **2.** b, c

Example 2 The pictures (A), (B) show circular conducting lines which have the radius of r. If the same magnitude of the current I is flowing in two conducting lines, choose all correct answers about the magnetic fields at the centers of two circles P and Q.

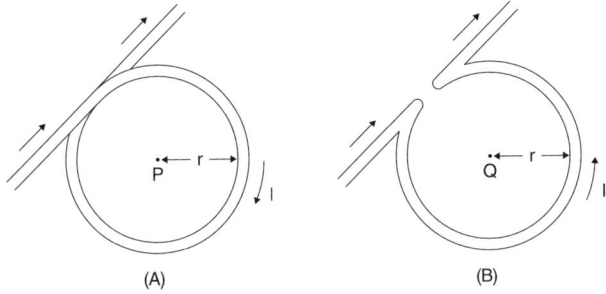

(A)   (B)

a. The direction of the magnetic field made by straight current and circular current are the opposite to each other at P.
b. The direction of the magnetic field at Q is perpendicular to the surface of the paper.
c. The magnitude of the magnetic field at P is bigger than at Q.

rest in physics

Faraday(패러데이)와 Maxwell(맥스웰)

Michael Faraday(마이클 패러데이)는 어렸을 때 집안이 무척 가난해서 정규 교육을 거의 받지 못했다. 하지만 그는 항상 공부에 대한 꿈을 포기하지 않았다. 이런 그의 꿈 때문인지 몰라도, 그가 다닌 첫 직장은 책을 만드는 bindery(제본소)였다. 당시 영국은 수많은 과학 서적이 출간되었는데, Faraday는 bindery에서 견습공으로 일하면서 자연스럽게 많은 과학 서적을 접할 수 있었고, 그 중에서도 Humphry Davy(험프리 데이비)라는 화학자를 좋아하게 되었다. 당시에는 신분에 상관없이 누구나 왕립협회에서 공개 lecture(강의)를 들을 수 있었는데, Faraday도 열심히 lecture를 듣는 한편, Davy의 관심을 끌기 위해 Davy의 책을 가죽 장정을 해서 증정하는 정성을 보이기도 했다. 이런 노력 끝에 그는 Davy의 실험실에서 chemical assistant(화학실험 조교)로 일할 수 있게 되었다.

이렇게 배움의 기회를 얻게 된 Faraday는 밤낮으로 배우고 실험에 몰두했다. Chemical assistant라는 직책에 맞게 초기에는 chlorine gas(염소가스)를 liquefy(액화시키다)시키고 benzene(벤젠)을 발견하는 등의 화학적인 성과를 거두었지만, electricity에 눈을 뜬 이후로는 electricity에 관한 업적을 많이 남긴다. 그는 electromagnetic induction(전자기유도)을 발견하여 generator(발전기)의 발명을 촉진시켰고, laws of electrolysis(전기분해의 법칙)를 세웠다. 하지만 실험의 천재였던 Faraday는 수학적 지식이 약한 탓에 이를 이론적으로 확립하지 못했는데, James Clerk Maxwell(제임스 클러크 맥스웰)이라는 영국의 물리학자가 Faraday의 성과를 정립해서 Faraday's law(패러데이의 법칙)으로 소개하면서 Faraday는 전기의 아버지라는 영예를 얻게 되었다.

Magnet의 원리를 이용한 drop tower(드롭타워)

드롭타워

과학기술의 발전은 amusement ride(놀이기구)의 발전에도 영향을 미쳤다. 그 중 대표적인 것이 흔히 Gyro drop(자이로드롭)으로 알려진 drop tower(드롭타워)의 출현이다. 높은 지점에서 순식간에 떨어지는 drop tower는 사람들에게 roller coaster(롤러코스터)와는 다른 재미를 안겨주었다. 그런데 수십 미터 높이에서 시속 100km에 가까운 속도로 수직 낙하하는 drop tower는 어떻게 지면에 충돌하기 직전에 부드럽게 멈출 수 있는 것일까?

우리가 일상에서 사용하는 break system(제동장치)은 대부분 마찰력을 이용하지만 drop tower는 permanent magnet의 eddy current(와전류, 와상전류)를 이용한다. eddy current의 원리는 다음과 같다. Magnet의 N극과 S극 사이에 electricity가 통하는 금속을 넣으면, 순간적으로 electric current가 흐르면서 금속이 magnet의 성질을 띠게 되는데, 이때 발생하는 금속의 magnetic field는 magnet의 magnetic field와 서로 밀어내려는 성질, 즉 repulsive force(반발력)를 갖게 된다. Drop tower는 타워 중앙에 12개의 금속판이 있고, 탑승의자 뒤에 12개의 긴 말굽 모양의 magnet이 있는데, 이 두 물체는 지상 25m 높이에서 서로 만나게 된다. 이때 permanent magnet과 순간적으로 magnet이 된 타워의 금속 사이에는 강한 repulsive force가 생기는데, drop tower는 이 repulsive force에 의해 브레이크를 사용하지 않고도 부드럽게 멈출 수 있는 것이다.

10

Conductors and Nonconductors
도체와 부도체

I am somewhat exhausted; I wonder how a battery feels when it pours electricity into a non-conductor?
— Arthur Conan Doyle

나는 다소 지쳤다네, 그래서 나는 부도체에 전기를 쏟아 부을 때 배터리가 어떤 느낌을 받을지 궁금하다네.
— 아서 코난 도일

basic concept

도체와 부도체의 의미
Meaning of Conductors and Nonconductors

Conductor는 resistance(저항)가 작은 material(물질)인데, electricity(전기)를 잘 conduction(전도)하는 electrical conductor(전기의 도체)와 heat(열)을 conduction하는 thermal conductor(열의 도체)로 구분할 수 있다. Conduction은 orbital electron(궤도전자)이 atom(원자)과 atom 사이에서 이동하면서 발생하는데, 하나의 atom은 여분의 electron(전자)을 받아들이면, 곧 바로 부근의 atom으로 electron을 건네기 때문이다. Electrical conductor로는 silver(은), copper(구리), aluminum(알루미늄)과 같은 solid state(고체 상태)의 metal(금속)이 있고, liquid state(액체 상태)의 acid(산), alkali(알칼리), salt(염)의 aqueous solution(수용액) 등이 있다. Metal에서는 free electron(자유전자)에 의해 electricity가 conduction되는데, 일반적으로 temperature(온도)가 올라가면 conductivity(전도율)가 낮아지고, temperature가 낮아지면 conductivity가 높아진다. Thermal conductor는 metal이 대다수를 이루며 liquid는 포함되지 않는다. 일반적으로 electricity를 잘 conduction하는 metal일수록 heat의 conductivity도 높아지는데, 이것을 Wiedemann-Franz's law(비데만-프란츠의 법칙)이라고 한다.

반면 nonconductor는 conductor와 반대되는 성질을 가진 material로서, nonconductor로 conductor를 감싸면 heat이나 electricity의 이동을 방해할 수 있으므로 insulator(절연체)라고도 한다. 흔히 nonconductor를

electricity나 heat을 전혀 통하지 않는 object(물체)로 알기 쉽지만, nonconductor도 아주 적은 quantity(양)의 heat이나 electricity를 conduction한다. 즉 heat이나 electricity가 전혀 통하지 않는 material은 존재하지 않으므로 conductor와 nonconductor는 conduction이 가능한지가 아니라 상대적인 degree(정도)로 구분하는 것이다. 예를 들어 rubber(고무)나 wood(나무)와 같은 material은 electricity나 heat을 conduction하지만 quantity가 매우 작기 때문에 nonconductor로 구분하는 것이다.

또한 high temperature(고온)나 강한 electric field(전기장)를 가하거나 impurities(불순물)를 첨가하면 nonconductor도 electricity를 conduction할 수 있다. 예를 들어, 종이는 대표적인 nonconductor 혹은 insulator로서, electron이 atomic nucleus(원자핵)에 속박되어 free electron이 없기 때문에 electric charge(전하)를 이동시키지 못한다. 그러나 종이에 charged body(대전체)를 가까이 가져가면 종이는 charged body에 달라붙게 되는데, 종이의 molecule(분자) 내의 electron이 charged body의 영향을 받아 polarity(극성)를 띠게 되기 때문이다. 그리고 water(물)는 electricity가 통하는 conductor이지만 ion(이온)을 가지고 있지 않은 pure water(증류수)는 nonconductor이다.

reading physics

　　　　　전기전도란 대전된 입자들의 전달 매질을 통한 이동을 말한다. 이런 흐름을 가능케 하는 매질을 전기적 도체라고 하고, 전도의 정도를 전기전도율이라고 한다. 전기의 흐름은 전류라고 한다.

　이 세상의 모든 물질은 얼마나 전기를 잘 전도하는지에 따라 규정될 수 있다. 유리와 같이 전기가 통하지 않는 물질이 있는데, 이러한 물질은 부도체라고 한다. 전기가 통하는 물질은 도체라고 한다. 한편 반도체는 도체만큼은 아니지만 전류가 흐르는 물질이다.

도체, 부도체, 반도체

　도체에서 전류는 자유롭게 흐를 수 있다. 도체는 원자에 느슨하게 구속되어 있는 외곽 전자들이 물질을 자유롭게 통과하는 물체이다. 구리나 은, 알루미늄, 금과 같은 금속들이 도체이다.

　부도체는 전자들이 단단히 구속되어(tightly bound) 있어서 한 원자에서 다른 원자로 자유롭게 지나지 못하게 하기 때문에 도체와는 반대이다. 부도체의 예로는 플라스틱, 고무, 유리, 나무 등이 있다. 이러한 부도체들은 전도를 하지 못하며, 전자기기로부터 발생하는 전도 성분이나 전하로부터 우리를 보호하기 위해 사용된다.

　반도체는 부도체와 도체 사이의 전기 전도율을 가진 물질이다. 반도체는 매우 낮은 온도에서는 부도체처럼 작용하지만, 실온에서는 비록 도체의 전도율보다는 상당히 낮지만 상당한 정도의 전기 전도율을 갖는다. 실리콘은 가장 널리 사용되는 반도체로 매우 다양한 산업에 쓰이고 있다.

Electrical Conduction refers to the movement of electrically charged particles through a transmission medium. The medium allowing such flow is called an electrical conductor and the degree to which it allows conduction is called electrical conductivity. The flow of electricity is called electric current.

All materials in the world can be defined in terms of how well they conduct electricity. There are certain materials, such as glass, that do not conduct electricity, they are known as nonconductors. Materials which do conduct electricity are called conductors. Semiconductors, on the other hand, do not conduct as well as conductors but can carry current.

Conductors, Nonconductors and Semiconductors

In conductors, the electric current can flow freely. Conductors are objects where the outer electrons of the atoms are loosely bound and free to move through the material. Metals such as copper, silver, aluminum and gold are conductors.

A nonconductor is the opposite of a conductor because it does not allow electrons to flow easily from one atom to another because the nonconductor's electrons are too tightly bound. Examples of insulating materials are plastic, rubber, glass and wood. These insulating materials do not conduct electricity and are used in electronics to help protect us from the conducting

에너지대(帶)

 궤도를 돌고 있는 전자들은 에너지를 가지고 있으며 일정한 에너지 준위에 갇혀 있다. 고체의 전자들은 정해진 에너지만을 가질 수 있으며 다른 에너지를 갖지 못한다.
 원자가 기체에서처럼 간격이 멀리 떨어져 있으면 원자끼리 미치는 영향도 거의 없을 것이고, 마치 고립된 원자들처럼 움직일 것이다. 반대로 고체 내부의 원자들은 서로 간에 아주 뚜렷한 영향을 미치게 된다. 이렇게 원자들을 하나로 묶어주는 힘은 다른 전자들의 행동을 크게 변화시킨다. 원자들 간의 근접성이 유발하는 결과 중 하나는 어느 한 원자의 개별적인 에너지 준위가 분열하여 에너지대를 이루게 된다는 것이다.
 분리된 (분리되어 있으며 완전한) 에너지 준위들은 여전히 이 에너지대 안에 존재하고 있지만, 고립된 원자에서보다는 더 많은 에너지 준위들이 있다. 어떤 경우에는 에너지 준위가 완전히 사라지게 될 것이다. 기체 원자와 같은 고립된 원자들은 에너지 준위를 가지고 있지만, 고체에서는 원자들의 에너지 준위가 에너지대 속에 무리를 이루게 된다.
 에너지대는 도체, 부도체, 반도체 간의 차이점을 시각화할 수 있는 유용한 도구이다. 에너지대를 관찰함으로써 물질 내부의 전자의 가용 에너지를 그려낼 수 있다.
 고체의 에너지 스펙트럼에서의 윗부분에 있는 굵은 선을 전도대라고 하는데, 이 대에 있는 전자들은 외부에서 전기장이 가해지면 쉽게 제거되기 때문이다. 전도대에 전자를 많이 보유하고 있는 물질들은 전기를 잘 통하는 도체의 역할을 한다.
 전도대 밑에 있는 구역을 금지대 또는 에너지 간격이라고 한다. 이 구역에서는 결코 전자를 찾을 수 없지만, 전자들이 이 대에 머물러 있지 않는다면 금지띠를 통과하여 앞뒤로 이동할 수는 있다.
 에너지대의 마지막 부분인 원자가 전자대는 원자가 에너지를 포함한 여러 에너지 준위들로 이루어져 있다. 이 전자대의 전자들은 전도대 내부의 전자

elements and the electrical charges they produce.

A semiconductor is a material with an electrical conductivity that is between that of a nonconductor and a conductor. A semiconductor acts as a nonconductor at very low temperatures, but has a substantial electrical conductivity at room temperature, though still much lower conductivity than a conductor. Silicon is the most widely used semiconductor, and is used in many different industries.

Energy Band

Orbiting electrons contain energy and are confined to definite energy levels. Electrons in solids are restricted to certain energies and can't have other energies.

When atoms are spaced far enough apart, as in a gas, they have very little influence upon each other, and act very much like lone atoms. Conversely, atoms within a solid have a marked effect upon each other. The forces that bind these atoms together greatly modify the behavior of the other electrons. One consequence of this close proximity of atoms is that the individual energy levels of an atom can break up and form bands of energy.

Discrete (separate and complete) energy levels still exist within these energy bands, but there are many more energy levels than in an isolated atom. In some cases, energy levels will disappear completely. Isolated atoms, such as gas atoms, have energy levels, whereas the atoms in a solid have energy levels grouped into Energy Bands.

An energy band is a useful tool used to visualize the difference

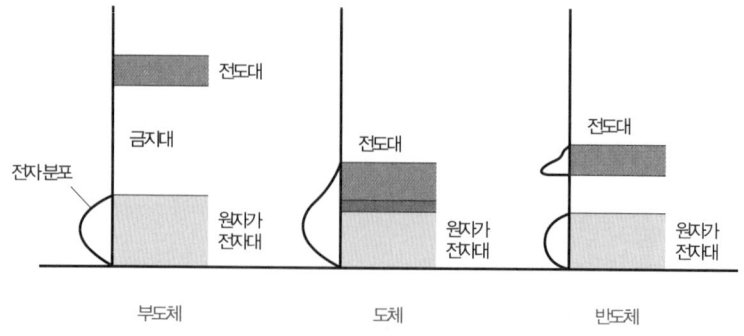

들보다는 개별 원자들에 더 단단히 묶여 있다. 그러나 원자가 전자대 내부의 전자들은 흔히 열에너지와 같이 에너지가 가해질 경우 여전히 전도대로 이동할 수 있다. 원자가 전자대 밑에도 여러 에너지대가 존재하지만 반도체 이론을 이해하는 데 중요하지 않기 때문에 논의하지 않기로 한다.

부도체의 에너지 다이어그램은 매우 넓은 에너지 간격을 보인다. 이 간격이 넓을수록, 원자가 가전대에서 전도대로 전자를 이동시키기 위해 필요한 에너지의 양은 많아지게 된다. 따라서 부도체는 소량의 전류를 얻기 위해서도 아주 많은 양의 에너지를 필요로 한다.

한편 반도체는 부도체보다 더 작은 금지대를 가지기 때문에 원자가 전자대에서 전도대로 전자를 이동시키기 위해 필요한 에너지의 양이 더 적다. 따라서 특정 양의 전압이 가해지면, 부도체에서보다 반도체에서 더 많은 전류가 흐르게 된다.

도체에는 금지대, 즉 에너지 간격이 없고 원자가 전자대와 전도대가 겹친다. 에너지 간격이 없기 때문에 전자를 전도대로 이동시킬 때 소량의 에너지만이 필요하다. 결국 도체는 전자를 매우 쉽게 통과시킨다.

전기 전도율

전기 전도율은 어떤 물질이 전하의 이동에 얼마나 협조하는지를 측정한 값이다. 이 측정치는 보통 전도체를 통하는 전하의 흐름의 속도를 말하는 것이

between conductors, nonconductors and semiconductors. By observing energy bands, the available energies for electrons in the materials can be plotted.

The upper band of the solid lines of energy is called the conduction band because electrons in this band are easily removed by the application of external electric fields. Materials that have a large number of electrons in the conduction band act as good conductors of electricity.

Below the conduction band is the forbidden band or energy gap. Electrons are never found in this band, but may travel back and forth through it, provided they do not come to rest in the band.

The last band or valence band is composed of a series of energy levels containing valence electrons. Electrons in this band are more tightly bound to the individual atoms than the electrons in the conduction band. However, the electrons in the valence band can still be moved to the conduction band with the application of energy, usually thermal energy. There are more bands below the valence band, but they are not important to the understanding of semiconductor theory and will not be discussed.

The energy diagram for the nonconductor shows a very wide energy gap. The wider this gap, the greater the amount of energy required to move the electron from the valence band to the conduction band. Therefore, a nonconductor requires a large amount of energy to obtain a small amount of current.

The semiconductor, on the other hand, has a smaller forbidden band and requires less energy to move an electron from the valence band to the conduction band. Therefore, for a certain amount of applied voltage, more current will flow in the

다. 전기 그 자체는 금속성 도체를 통과하는 전자에 의해 흐르거나 이동하게 된다. 전도가 금속성 매질을 통할 때, 이동 방식은 전자를 통해 이뤄진다. 비금속성 도체에서 이동 방식은 전자를 잃은 원자 또는 이온 상태로 이루어질 수 있다.

전기 저항률은 전도율과는 정반대이다. 전기 저항률은 어떤 물체나 물질이 그것을 통과하려는 전류의 흐름에 저항하는 것을 나타내는데, 그로 인해 전기에너지가 열이나 빛 또는 다른 형태의 에너지로 전환된다. 저항의 정도는 물질의 유형에 따라 다르다. 저항률이 낮은 물질은 좋은 도체이고, 저항률이 높은 물질은 좋은 부도체이다.

semiconductor than in the nonconductor.

The conductor has no forbidden band or energy gap and the valence and conduction bands overlap. With no energy gap, it takes a small amount of energy to move electrons into the conduction band. Consequently, conductors pass electrons very easily.

Electrical Conductivity

Electrical conductivity is a measure of how well a material accommodates the movement of an electrical charge. This measurement is usually refers to the rate of flow of electric charge through an electrical conductor. The electricity itself usually flows or moves by way of being carried by electrons through metallic conductors. When conduction is through a metallic medium the mode of movement is via electrons. In non-metallic conductors the mode of movement could be via atoms that are missing their electrons or as ions.

Electrical resistivity is the inverse of conductivity. It is the opposition of a body or substance to the flow of electrical current through it, resulting in a change of electrical energy into heat, light, or other forms of energy. The amount of resistance depends on the type of material. Materials with low resistivity are good conductors of electricity and materials with high resistivity are good nonconductors.

problem solving

문제1 도체에 관한 설명으로 옳은 것을 모두 고르시오.

a. 자유전자가 많다.
b. 온도가 높아질수록 저항이 증가한다.
c. 전기장 안에 놓여 있을 때 내부 전기장이 0이다.

문제2 그림은 반도체의 에너지대 구조를 나타낸 것이다. 옳은 것을 모두 고르시오.

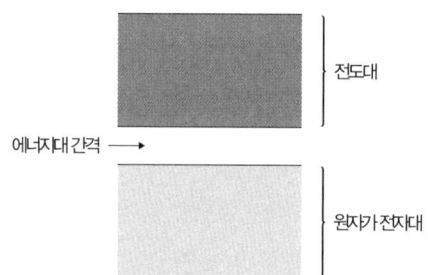

a. 에너지대 간격의 폭이 부도체일 때보다 크다.
b. 실온에서 전도대에 전자가 존재한다.
c. 0K일 때 전도대에 존재하는 전자들이 증가하므로 도체로 취급한다.

→ 해답 **1.** a, b, c **2.** b

Example 1 Choose all correct answers regarding the conductor.

a. It has lots of free electrons.

b. As the temperature increases, its resistance increases.

c. Its inner electric field is 0 when it's put inside of the electric field.

Example 2 The picture shows the energy band structure of semiconductors. Choose all correct answers.

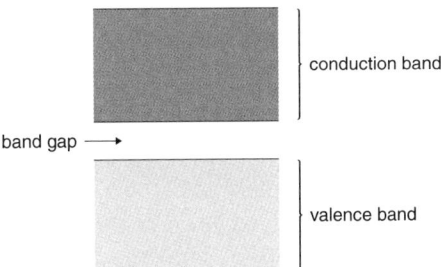

a. The range of its band gap is bigger than nonconductor's.

b. There are electrons in the conduction band in room temperature.

c. It's treated as a conductor because electrons in conduction band increases when it's 0K.

rest in physics

Capacitive touch screen(정전식 터치스크린)

현대사회의 필수품을 꼽으라면 아마도 대부분의 사람들이 smartphone(스마트폰)을 지목할 것이다. Smartphone은 크기가 노트북의 $\frac{1}{4}$도 안 되지만 컴퓨터를 능가할 정도로 기능이 뛰어난 현대 기술의 집합체라고 할 수 있다. 그리고 이러한 smartphone의 core technology(핵심 기술)를 꼽으라면 capacitive touch screen을 들 수 있을 것이다. Capacitive touch screen은 capacitive sensing(정전식 감응)을 이용하는데, 그 원리는 다음과 같다. Capacitive touch screen는 screen(스크린) 위에 electricity가 통하는 conductive material(전도성 물질)을 코팅해서 electric current가 계속 흐르도록 하는데, 전도성이 있는 사람의 손가락이 화면에 닿으면 screen 위를 흐르던 electron이 접촉 지점으로 오게 된다. 그러면 screen 모퉁이의 센서가 이를 감지해서 입력을 판별하게 되는 것이다. 따라서 screen을 살짝 스치듯 만져도 터치 입력이 가능하며, 여러 접촉 부위를 동시에 인식하는 다중 터치도 가능하다. 또한 전도성이 있는 물질이 코팅된 디스플레이를 사용했기 때문에 화질이 저하될 염려도 없다.

그러나 capacitive touch screen도 단점이 있다. 먼저, 손가락처럼 electron을 유도하는 물질이 아닌 nonconductor를 사용할 경우 사용이 불가능하다. 따라서 resistive touch screen(감압식 터치스크린)에 쓰이는 stylus pen(스타일러스 펜)을 이용할 수 없으며, 장갑을 껴도 안 되고, 손가락이 굵은 사람은 작은 아이콘을 터치할 때 어려움이 생긴다. 뿐만 아니라, 표면에 electromagnetic induction(전자기유도)을 방해하는 물이나 다른 물질이 묻어 있을 경우 인식이 제대로 안 되기도 한다.

오랫동안 인정받지 못한 Ohm's law(옴의 법칙)

19세기 초반에는 wire(전선) 옆에 compass(나침반)를 놓고, wire에 electricity를 흘려 보낸 뒤 compass의 침이 흔들리는 정도를 통해 electric current(전류)의 quantity를 측정했다. 당시 독일의 물리학자이자 수학자인 Georg Simon Ohm(게오르크 시몬 옴)은 electricity에 깊은 관심을 갖고 실험을 반복한 끝에 마침내 1827년 Galvanic circuit(갈바니 회로)를 통해 Ohm's law를 발표했다.

헤겔(1770-1831)

그러나 베를린 대학에서 독일의 관념철학을 완성하고 dialectic(변증법)를 확립한 Georg Wilhelm Friedrich Hegel(게오르크 빌헬름 프리드리히 헤겔)이 Ohm's law를 비판하고 나섰다. Hegel은 아무런 logical deduction(논리적 추론)도 없이 단지 experiment(실험)의 결과를 모은 것을 reasoning(추론)하는 것이 과연 scientific truth(과학적 진리)인지 여부에 대해 철학적인 논의를 제기한 것인데, 사실 Ohm이 쓴 논문을 보면 결론이 확실하지만 그 결론에 도달하기 위한 logical deduction이 부족한 것이 사실이다. 철학자가 왜 natural science(자연과학)에 대한 문제를 제기할까라는 의문이 들 수도 있지만, 당시 physics(물리학)는 philosophy(철학)의 한 분야였기 때문에 Hegel의 비판은 정당한 것이었고, 이런 이유로 인해 Ohm의 논문은 오랫동안 제대로 된 인정을 받지 못했다.

Ohm은 1852년에 그토록 염원하던 독일 뮌헨 대학의 교수로 임명되었다. 그가 죽기 2년 전의 일이었다. Ohm's law는 발표 후 25년이 넘도록 학계의 인정을 받지 못했다. 그러나 후대 과학자들의 실험을 통해 Ohm's law의 진가가 인정받기 시작했고, 지금은 전 세계의 과학 교과서에 반드시 나올 정도로 유명한 scientific law(과학 법칙) 중 하나가 되었다.

Stephen Gray(스티븐 그레이)의 실험

실험을 하고 있는 스티븐 그레이(1666–1736)

영국의 아마추어 천문학자였던 Stephen Gray는 어느 날 재미있는 사실을 발견하게 된다. Gray의 laboratory(실험실) 탁자에는 표면이 매끈한 유리 막대가 햇살을 받아 반짝이고 있었는데, 이 유리 막대를 무명천으로 감싸 여러 차례 문지르자 반짝이던 유리 막대가 더욱 반짝이는 것이었다. 유리 막대에 신체가 닿으면 어떻게 될지 궁금했던 Gray는 팔을 뻗어서 유리 막대의 중간쯤에 손가락을 갖다 댔고, 손가락이 막대에 닿는 순간 강한 마찰음이 일며 상상 외로 강한 frictional electricity(마찰전기)가 느껴졌다.

다음날부터 Gray는 frictional electricity의 특성을 연구하기 위해 다양한 실험을 실시했다. electrically charged(대전되다)된 유리 막대에 깃털과 같은 다양한 재질과 모양의 물체를 갖다 대자 그것이 착 달라붙는 것을 보고 조금 더 진전된 실험 방법을 생각해 낸다. Gray는 명주실을 둥글게 감아 만든 두 개의 고리 사이에 철심을 넣어 천장에 나란히 매달았다. 철심의 한 쪽에 electrically charged된 유리 막대를 갖다 대고 다른 끝에 깃털을 대니 깃털이 달라 붙는 것이었다. 깃털이 달라 붙게 된 과정을 곱씹던 Gray는 유리 막대의 반대쪽에 깃털이 달라 붙을 수 있었던 것은 frictional electricity가 깃털까지 전해졌기 때문이라는 결론을 내렸다. 그래서 이번에는 명주실 고리 대신 놋쇠 고리를 사용하여 같은 방법으로 실험을 반복했더니, 이번에는 깃털이 달라 붙지 않았다. Gray는 깃털이 달라 붙지 않은 것은 유리 막대의 frictional electricity가 놋쇠 고리를 타고 천장으로 흘러 들었기 때문이라는 결론을 내리고, 인체를 포함한 다양한 물체로 비슷한 실험을 반복했다. 마침내 그는 어떤 물체가 electricity를 잘 통하는 conductor인지, 또 어떤 물체가 electricity를 통하지 않는 nonconductor인지를 일일이 밝혀 내게 된다. 그리고 이러한 실험 결과를 바탕으로 "물체에는 electricity가 통하는 conductor와 그렇지 못한 nonconductor가 있다. 인체는 훌륭한 conductor이다"라는 주장을 하기에 이르렀으며, Gray의 이 같은 발견은 electromagnetics(전자기학)의 발전에 크게 공헌하게 된다.

11

Semiconductors
반도체

Innovation is everything. When you're on the forefront, you can see what the next innovation needs to be. When you're behind, you have to spend your energy catching up.

— 'the Mayor of Silicon Valley' Robert Norton Noyce

혁신은 모든 것입니다. 당신이 최전선에 있을 때, 당신은 다음으로 필요한 혁신이 무엇인지 볼 수 있습니다. 당신이 뒤처져 있다면, 따라잡는 데 진력해야 합니다.

— '실리콘 밸리 시장' 로버트 노턴 노이스

basic concept

다양한 반도체의 종류
Various Kinds of Semiconductors

　Semiconductor는 electrical conducti-vity(전기 전도도)에 따른 material(물질)의 분류 중 하나로, 말 그대로 conduc-tor(도체)와 nonconduc-tor(부도체)의 중간 특성을 가진 material이다. Semiconductor는 순수한 상태에서는 nonconductor와 비슷하지만, light(빛)나 heat(열), energy(에너지)를 가하거나 impurities(불순물)를 넣으면 일시적으로 free electron(자유전자)이 생겨나 conductivity(전도성)를 띠게 된다. Semiconductor는 diode(다이오드)와 transistor(트랜지스터) 등으로 이루어진 integrated circuit device(집적회로 소자) 외에도 thermoelectron emission device(열전자 방출 소자), digital camera(디지털 카메라)의 charge-coupled device(전하결합소자) 등 첨단 전자산업 부문에 넓게 응용되고 있으며, solar battery(태양전지)에도 사용된다. 이처럼 semiconductor는 대부분의 전자제품에 사용되어 생활에 편리를 가져다 주기 때문에 magic stone(마법의 돌)으로 부르기도 한다.

　Diode는 electric current(전류)를 한 방향으로만 흐르게 하는 device(소자)이다. Diode는 p-n junction(피엔접합)이라는 구조로 되어 있는데, P형 semiconductor의 device를 anode(양극), N형 semiconductor의 device를 cathode(음극)라고 한다. p-n junction에서 electric current는 anode에서 cathode로만 흐르고 반대 방향으로는 거의 흐르지 않는 electronic phenomenon(전자 현상)을 보이는데, 이러한 효과를 rectification(정류작용)이

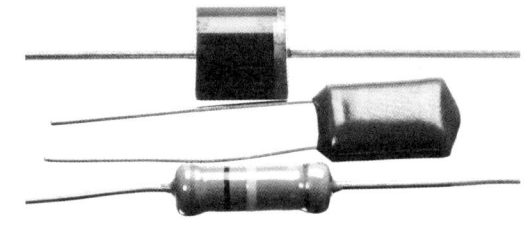

진공관 다이오드　　　　　　　　반도체 다이오드

라고 하고, alternating current(교류)를 direct current(직류)로 변환하는 역할을 한다. Diode에는 two-pole vacuum tube(2극진공관)라고도 하는 vacuum tube diode(진공관 다이오드)와 semiconductor를 사용하는 semiconductor diode(반도체 다이오드)가 있는데, 일반적으로 diode라고 하면 semiconductor diode를 가리킨다.

　한편 anode에서 cathode로 electric current가 흐르는 경우에도 일정한 조건이 따르는데, anode와 cathode 사이의 voltage(전압), 즉 potential difference(전위차)가 일정 수준 이상이 되어야만 한다. Potential difference를 일으키는 voltage는 material에 따라 달라지는데, 일반적으로 silicon diode(실리콘 다이오드)에서는 약 0.7V, germanium diode(게르마늄 다이오드)에서는 약 0.3V 정도가 필요하다. Diode의 종류에는 이 밖에도 흔히 LED로 불리는 빛을 발하는 light emitting diode(발광 다이오드), 일정 voltage 이상이 되면 cathode에서 anode 방향으로도 electric current가 흐르는 voltage regulator diode(정전압 다이오드) 또는 zener diode(제너 다이오드) 등이 있다.

　LED 즉 light emitting diode는 semiconductor에 voltage를 가할 때 생기는 electroluminescence(전기장 발광)을 이용하여 infrared light(적외선)

1962년 세계 최초로 LED를 발명한 Nick Holonyak(닉 홀로냑)

이나 visible light(가시광선)을 discharge(방출하다)하는 semiconductor device를 말한다. 다시 말하자면, LED는 electric energy(전기 에너지)를 light energy(빛 에너지)로 바꿔 준다. 예를 들어, 기존의 light bulb(전구)는 electric current로 가느다란 filament(필라멘트)를 가열시켜 incandescent light(백열광)를 발생시키지만, 거의 5% 정도의 electric energy만을 light energy로 변환시키고 나머지는 heat으로 사라져 버린다는 단점이 있다. 하지만 LED는 어떤 material을 전기적으로 자극할 때 발생하는 electroluminescence의 원리로 작동하기 때문에 40%가 넘는 electric energy를 light energy로 변환시킬 수가 있어 에너지 손실이 적고, 정밀하게 합성된 semiconductor를 다양화하여 light의 wavelength(파장), 즉 light의 색깔을 바꿀 수 있다는 장점이 있다. LED는 다양한 electronic system(전자장치)에서 사용되는데, 대표적인 예로는 자동차의 brake light(제동등)과 같은 indicator lamp(지시등), electronic visual display(전광판), direction board(안내판) 등이 있다.

Diode는 two way(2개의 길)라는 뜻인데, 이 말은 luminous device(발광장치)의 2개의 동일한 terminal construction(단자 구조)과 관련이 있다. 예를 들어, 손전등에서 가늘고 길다란 filament는 2개의 terminal을 통해 battery의 negative pole(음극)과 positive pole(양극)에 연결되기 때문이다. Transistor와 같은 다른 semiconductor device에서처럼, light emitting diode에서의 terminal은 2개의 semiconductor material이다.

Transistor는 electric signal(전기신호)과 electrical power(전력)를 amplify(증폭하다)하거나 switch(전환하다)하는 데 사용하는 semiconductor device이다. Transistor는 semiconductor material을 최소 세 겹으로

connection(접합)하여 만드는데, electronic circuit(전자회로)의 구성 요소로 쓰여 electricity나 voltage의 흐름을 제어하는 역할을 한다. 가볍고 소비 전력이 적어 대부분의 electronic circuit에서 vacuum tube(진공관)를 대체해서 사용되며, 이를 high density(고밀도)로 integration(집적)한 integrated circuit(집적회로)가 있다. Transistor는 junction transistor(접합형 트랜지스터)와 field-effect transistor(전기장효과 트랜지스터)로 구분한다.

Transistor는 휴대용 calculator(계산기)와 radio(라디오)에서부터 industrial robot(산업용 로봇)과 communications satellite(통신위성)에 이르는 여러 가지 전자 장비에 널리 사용된다. Transistor는 electronic engineering(전자공학)의 발전에 지대한 공헌을 했는데, heat release(열 발생)가 적고, reliability(신뢰성)가 높고, electric loss(전력 소모)가 상대적으로 적어 computer(컴퓨터)에 꼭 필요한 복잡한 device의 소형화를 가능케 했기 때문이다.

reading physics

　　　　반도체는 비금속성의 요소 또는 화합물로, 어떤 조건에서는 전기를 전도할 수 있지만 어떤 때는 전도하지 못하는 물질을 말한다. 반도체는 전류를 제어하기에 좋은 매질이다.

　반도체는 흔히 겉으로 보기에는 금속성이지만, 일반적으로 단단하고 잘 부러진다는 점에서 금속과 차이가 있다. 반도체의 전기 저항성은 일반적으로 높다. 반도체의 전도도는 제어 전극에 가해지는 전류나 전압, 또는 적외선, 가시광선, 자외선, 엑스선 등의 발광 강도에 따라 달라지게 된다. 반도체는 온도가 높아질수록 전도율이 높아지는데, 낮은 온도에서는 유전체가 된다. 비소나 갈륨과 같은 어떤 적절한 금속성 불순물이 반도체에 첨가되면, 반도체의 전도성은 상당히 변화한다.

　반도체의 전도율과 저항성은 물리적 조건의 작은 변화에도 아주 민감하게 반응한다.

다이오드

　다이오드는 가장 단순한 반도체 장치이다. 이것은 가변적인 전류 전도 능력을 가진 물질이다. 다이오드는 한 방향으로 흐르는 밸브라고 볼 수 있는데, 주로 보호 기능의 장치로 다양한 회로에 사용된다. 다이오드의 종류에는 여러 가지가 있지만 기본적인 기능은 같다. 다른 다이오드 기술들도 존재하지만, 현대의 회로 설계에서 가장 흔하게 사용되는 다이오드는 반도체 다이오드이다.

　다이오드의 기본적인 성질은 한 방향으로만 전류를 흐르게 하려는 경향이다. 음극이 음전하를 띠고, 전압이 (순방향 브레이크오버라고 불리는) 특정 최소치를 넘는 값을 가지면, 전류는 다이오드를 통해 흐를 것이다.

　음극이 양극에 대해 양전하를 띠거나 양극과 전압이 같거나, 순방향 브레이

A semiconductor is a non-metallic element or compound, which can conduct electricity under some conditions but not others. Semiconductors are good mediums for the control of electrical current.

Semiconductors are usually metallic in appearance but differ from metals in that they are generally hard and brittle. The resistivity of semiconductors is usually high. Their conductance varies depending on the current or voltage applied to a control electrode, or on the intensity of irradiation by infrared, visible light, ultraviolet (UV), or X rays. Semiconductors display a rise in conductivity with increasing temperature, and at low temperatures semiconductors become dielectrics. When some suitable metallic impurity such as arsenic or gallium is added to a semi-conductor, its conducting properties change appreciably.

Both conductivity and resistivity of semiconductors are very sensitive to small changes in physical conditions.

Diode

A diode is the simplest possible semiconductor device. It is a material with a varying ability to conduct electrical current. Diodes may be regarded as one-way valves and are used in various circuits, usually as a form of protection. There are different types of diodes, but their basic functions are the same. The most common kind of diode in modern circuit design is the

크오버의 전압보다 적은 양의 음전하를 띠게 되면, 다이오드는 전류를 전도하지 않는다.

음극의 전압이 양극의 전압에 비해 훨씬 큰 양전하를 띨 때 다이오드는 전류를 전도하게 된다. 이렇게 전도 현상을 유발할 수 있는 정도의 전압을 애벌런치 전압이라고 하는데, 전압은 반도체 장비 제작에 쓰인 반도체 물질의 성질에 따라 크게 달라진다. 애벌런치 전압은 몇 볼트에서 몇 백 볼트에 이르는 넓은 범위를 가진다.

어떤 다이오드는 또 부성저항이라고 잘못 이름 붙여진 특성을 가지고 있기도 하다. 이러한 유형의 다이오드는 적정 수준의 전압이 적절한 전극에 가해지게 되면 극초단파의 주파수에서 아날로그 신호를 만들어낸다.

다이오드는 신호의 일부를 제거함으로써 교류전류를 직류전류로 변환하는 데에도 쓰인다. 이러한 능력 때문에 다이오드는 정류기로도 알려져 있다. 다이오드는 전기 스위치처럼 기능하며, 전압이 급상승하는 것을 방지할 수 있기 때문에 전류 급증 보호장치로 유용하게 쓰인다. 또 디지털 논리를 수행하거나 전원 공급 장치나 배전압회로를 만드는 데 사용된다.

발광다이오드

빛은 아주 많은 방법으로 만들어지거나 전자적으로 제어될 수도 있다. 발광다이오드에서 빛은 전기장 발광이라는 고체 상태의 과정을 통해 만들어진다.

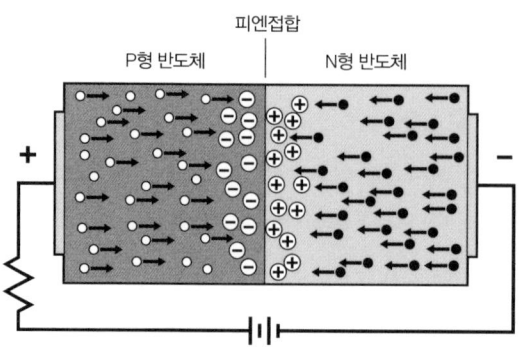

LED는 P형 반도체와 N형 반도체라는 가공 재료의 두 가지 요소들로 이루어져 있다. 이 두 개의 요소가 직접 접촉하면서 피엔접합이라

semiconductor diode, although other diode technologies exist.

The fundamental property of a diode is its tendency to conduct electric current in only one direction. If a cathode is negatively charged, with a voltage greater than a certain minimum (referred to as the forward breakover), then a current will flow through the diode.

If the cathode is positive with respect to the anode, is at the same voltage as the anode, or is negative by an amount less than the forward break-over voltage, then the diode will not conduct a current.

If the cathode voltage is positive relative to the anode voltage by a great enough amount, the diode will conduct current. The voltage required to produce this phenomenon, known as the avalanche voltage, varies greatly depending on the nature of the semiconductor material from which the device is fabricated. The avalanche voltage can range from a few volts up to several hundred volts.

Some diodes also have a characteristic that is imprecisely termed negative resistance. Diodes of this type, with the application of a voltage at the correct level and the polarity, will generate analog signals at microwave radio frequencies.

Diodes are used in changing AC current to DC current, by removing part of the signal. In this capacity, they are known as rectifiers. They function as electrical switches, and are useful in surge protectors because they can prevent voltage spikes. They are also used in performing digital logic, and to create power supplies and voltage doublers.

는 구역을 만들어낸다. 이런 점에서 볼 때 LED는 대부분의 다른 다이오드 형태들과 닮았으나, 중요한 차이점들이 있다. LED는 가시광선이나 자외선 에너지가 투과할 수 있는 투명한 외관을 가지고 있다. 또 LED는 커다란 피엔접합 구역을 가지고 있는데, 그 모양은 용도에 따라 조절이 가능하다.

발광다이오드는 적은 전기로도 많은 양의 빛을 내고 열은 아주 조금 발생하기 때문에 전통적인 전구를 대체하고 있다.

트랜지스터

트랜지스터는 전자의 이동을 통제하고, 따라서 전기를 통제하는 반도체이다. 트랜지스터는 마치 수도꼭지 같은 역할을 하는데, 전류의 흐름을 일으키거나 중단할 수 있을 뿐만 아니라 전류의 크기를 통제할 수도 있다.

트랜지스터는 여러 가지 모양으로 제작되지만, 대부분 3개의 단자를 가지고 있다. 기본 단자는 트랜지스터를 작동시키는 데 사용되는 한편, 양의 단자는 집전기라고 하고, 음의 단자는 방전기라고 부른다.

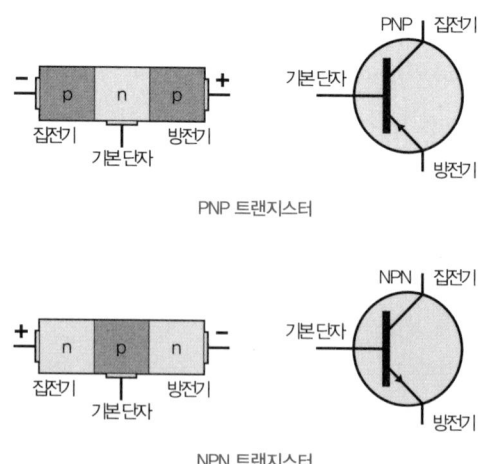

PNP 트랜지스터

NPN 트랜지스터

기본 단자에 가해지는 전기적 신호는 전류를 전도할 수 있는 반도체 물질

Light Emitting Diode

Light can be produced and/or controlled electronically in a number of ways. In light emitting diodes (LEDs), light is produced by a solid state process called electroluminescence.

An LED consists of two elements of processed material called P-type semiconductors and N-type semiconductors. These two elements are placed in direct contact, forming a region called the P-N junction. In this respect, the LED resembles most other diode types, but there are important differences. The LED has a transparent package, allowing visible or infrared energy to pass through. Also, the LED has a large PN-junction area, the shape of which is tailored to the application.

Light emitting diodes are replacing conventional light bulbs because they require less electricity to produce more light and generate a very small amount of heat.

Transistor

Transistors are semiconductors that control the movement of electrons and consequently, electricity. They work something like a water faucet—not only do they start and stop the flow of a current, but they also control the size of the current.

Transistors are manufactured in different shapes but they usually have three leads, or legs. The base lead is responsible for activating the transistor, while the positive lead is called the collector, and the negative lead is called the emitter.

An electrical signal applied to the base, influences the

의 능력에 영향을 미치는데, 이때 전류는 대부분의 경우에 방출기와 집전기 사이를 흐르게 된다. 배터리와 같은 전원은 전류를 흐르게 하는 한편, 어느 주어진 시점에 트랜지스터를 통해 흐르는 전류의 속도는 입구에서 입력 신호에 의해 통제를 받는다. 마치 수도꼭지가 정원 호스를 통하는 물의 흐름을 조절하는데 쓰이는 것과 같다.

트랜지스터는 스위치나 증폭기와 같은 기능을 할 수 있다. 트랜지스터는 마치 스위치처럼 전류의 특성들을 특정한 기기의 요구 조건에 맞춰 변화시킬 수 있다.

증폭기로서의 트랜지스터는 라디오, 텔레비전, 휴대전화, 그리고 기타 통신 기기들에 필요한 전기신호를 공급한다. 이 트랜지스터들은 '이득'(gain)이라는 성질을 발휘하여 증폭 기능을 수행하는데, 이 성질은 약한 신호를 잡아내서 별도의 전원으로부터 전기를 사용하여 동일한 주파수 패턴을 유지하면서도 그 신호를 더 강하게 만들어준다.

semiconductor material's ability to conduct electrical current, which flows between the emitter and collector in most applications. A voltage source, such as a battery, drives the current, while the rate of current flow through the transistor at any given moment is governed by an input signal at the gate—much as a faucet valve is used to regulate the flow of water through a garden hose.

Transistors can act as switches or as amplifiers. As switches, they can convert the characteristics of an electric current to suit the requirements of a particular device.

As amplifiers, they provide the necessary electric signals for radios, televisions, mobile phones and other communications devices. They do this by exhibiting a property called "gain," in which they take a faint signal and use electricity from a separate source to make that signal stronger while maintaining the same frequency patterns.

problem solving

문제 1 그림은 트랜지스터와 연결된 회로를 나타낸 것이다. 정답을 모두 고르시오.

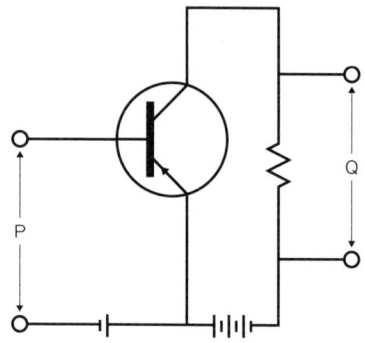

a. p-n-p형 트랜지스터가 연결되어 있다.
b. P에 입력된 신호가 증폭되어 Q에서 출력된다.
c. 기본 단자와 집전기 사이에 역방향 전압이 걸려 있다.

➡ 해답 **1.** a, b, c

Example 1 The picture shows a circuit which is connected with a transistor. Choose all correct answers.

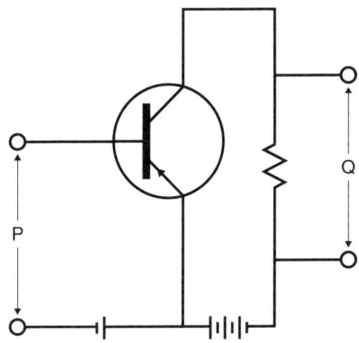

a. p-n-p-type transistor is connected.
b. The signal which inputted to P is amplified and outputted from Q.
c. There is reverse voltage between base and collector.

rest in physics

비운의 발명왕 Nikola Tesla(니콜라 테슬라)

니콜라 테슬라(1856-1943)

흔히 발명왕이라고 하면 Thomas Edison(토마스 에디슨)을 떠올리게 된다. 하지만, Edison보다 발명왕이라는 칭호가 더 어울리는 사람이 있다면 그것은 바로 Nikola Tesla(니콜라 테슬라)이다. 하지만 Tesla는 Edison에 비하면 이상할 정도로 알려지지 않은 인물인데, 그 이유는 그가 미국을 상징하는 인물인 Edison과 사이가 좋지 않았기 때문이다. Tesla는 alternating current와 direct current를 놓고 벌어진, 이른바 'War of currents(전류 전쟁)'에서 Edison을 물리친 장본인이다.

세르비아 출신의 Tesla가 처음 발명가로 활동하기 시작한 곳은 바로 Edison이 설립한 회사였다. 이미 최고의 발명가로 명성이 자자했던 Edison은 처음에는 Tesla를 무시했으나 곧 그의 능력을 알아보고 많은 일을 맡겼다. 하지만 Tesla와 Edison은 모든 면에서 너무도 달랐다. Edison은 수많은 trial and error(시행착오) 끝에 결과물을 도출하는 것을 좋아했고, Tesla는 충분한 이론적 연구를 통해 trial and error를 줄이고 싶어했다. 그리고 Tesla가 순수하게 연구와 발명을 사랑한 반면, Edison은 뛰어난 발명가라기보다는 사업가에 가까웠다.

두 사람 사이를 갈라놓았던 가장 큰 문제는, Edison은 direct current의 열렬한 신봉자였고 Tesla는 alternating current를 주장했다는 것이다. Direct current 방식으로 전기를 전송하기 위해서는 약 3km마다 하나씩의 power station(발전소)이 필요했지만, Tesla가 주장한 alternating current

방식은 이러한 거리의 제약을 쉽게 극복할 수 있었다. 하지만, Edison이 산업계의 제왕으로 군림하던 미국에서는 누구도 alternating current에 맞는 generator(발전기), motor(전동기) 등을 개발하지 못했기 때문에 alternating current는 쓸모 없는 것으로 여겨졌다.

Tesla는 자기와 뜻이 맞지 않았던 Edison의 그늘을 벗어나 독립하게 된다. 이때 억만장자인 James Morgan(제임스 모건)이 그를 찾아와 15만 달러의 연구비를 지원하는데, Tesla는 이 돈으로 Long Island에 거대한 Tesla Tower를 건설하기 시작했다. Tesla는 전신, 전화, 기상정보 등을 전 세계에 무료로 보낼 수 있는 wireless transmission(무선송신)을 계획하고 있었다. 그러나 이 같은 Tesla의 의도를 알아차린 Morgan이 투자를 중단하면서 Tesla의 계획은 무산되고 만다. Morgan이 투자를 중단한 첫 번째 이유는 무료 wireless transmission이 연방수사국 FBI의 심기를 건드렸기 때문이고, 두 번째 이유는 Morgan의 딸이 Tesla를 사랑했기 때문이다. Morgan으로서는 아무리 천재라고 해도 동유럽 출신의 가난한 이민자에게 사랑하는 딸을 줄 수 없었던 것이다

비록 Tesla의 원대한 계획은 실패로 돌아갔지만, 그럼에도 그가 생전에 이룬 업적은 오늘날 세계에 큰 영향을 미쳤다. 그의 발명은 이제는 보편화된 wireless transmission에 대한 기초적인 토대를 제시했고, 텔레비전의 탄생을 이끌어냈다. 가정용 제품에서부터 astrophysics(천체물리학)에 이르기까지 두루 사용되는 radar(레이더) 역시 Tesla의 연구에 바탕을 두고 있으며, 꿈의 alternative energy(대체에너지)인 nuclear fusion(핵융합)도 Tesla의 연구와 깊은 관계가 있다.

12

New Materials
신소재

According to my views, aiming at quantitative investigations that is at establishing relations between measurements of phenomena, should take first place in the experimental practice of physics. "By measurement to knowledge." I should like to write as a motto above the entrance to every physics laboratory.

—Heike Kamerlingh Onnes

내 생각엔 현상들의 측정치 간의 관계를 설정함에 있어서 양적인 조사를 지향하는 것이 물리학의 실험 관행에서 가장 우선되어야 한다. "지식은 측정에 의해서 얻어진다." 나는 이것을 모든 물리학 실험실의 입구에 모토로 써 붙이고 싶다.

—헤이크 카메를링 오네스

basic concept

신소재의 종류
Types of New Materials

  Superconductor(초전도체)의 발견은 인류 역사에서 바퀴의 발명에 버금가는 중요한 사건이다. Conductor(도체)는 temperature(온도)가 올라가면 electric resistance(전기저항)가 증가하여 electricity(전기)가 잘 흐르지 않고, temperature가 낮아지면 electric resistance가 작아져 conduction(전도)이 잘 일어나는 material(물질)을 가리키는데, superconductor는 극저온에서 electric resistance가 0에 가까워지는 superconductivity(초전도)가 나타나는 conductor를 가리킨다. Superconductivity는 1911년에 네덜란드의 physicist(물리학자)인 Heike Kamerlingh Onnes(헤이크 카메를링 오네스)에 의해 발견되었다.

윌리엄 톰슨 캘빈(1824-1907)

  어떤 material이 superconductor가 되는 temperature를 absolute temperature(절대온도)라고 하는데, unit(단위)으로는 absolute temperature를 발견한 William Thomson Kelvin(윌리엄 톰슨 켈빈)의 약자인 K를 사용한다. Kelvin은 모든 molecular movement(분자운동)가 -273.15°C에서 정지되며 그 이하의 온도는 존재하지 않으므로 이를 absolute temperature 0°C로 보았

는데, 그렇기 때문에 -273.15°C는 0K이며, 0°C는 273.15K가 된다. 요즘은 뒤의 소수점을 걷어낸 273K를 0°C로 사용하고 있다.

하지만 모든 material이 superconductivity를 띠는 것은 아니다. 일반적인 metal(금속)은 temperature가 내려가면 electric resistance가 감소하지만, 0K에서도 resistance(저항)가 0이 되지 않는다. Superconductivity를 보이는 material로는 20여 종의 metallic element(금속원소)와 수천 종의 alloy(합금)와 compound(화합물)가 있는데, superconducting state(초전도 상태)가 되는 transition temperature(전이온도)가 최고 23K에 달할 정도로 극히 낮아서 superconductor를 활용한 상용화가 어렵다는 단점이 있다. 하지만 최근에는 일부 alloy나 특수한 magnetic material(자성체)이 극저온이 아닌 비교적 높은 temperature에서 superconductivity가 일어난다는 사실이 발견되었고, 이 때문에 room temperature(상온)에서 superconducting state가 되는 material을 발견하기 위한 연구가 세계 각국에서 활발하게 진행되고 있다. 현재까지 발견된 최고치의 superconducting transition temperature(초전도 전이온도)는 absolute temperature 153K이며 앞으로 273K(0°C)에 가까운 240K를 달성할 것으로 전망된다. High temperature superconductor(고온 초전도체)의 개발이 실현되면 전기-전자 분야에서 이 기술이 광범위하게 응용될 것으로 기대된다. 먼저 super-conductor의 내부로 magnetic field(자기장)가 들어가지 못하도록 막고 내

고온 초전도체 위에 떠 있는 자석

New Materials 229

부에 있던 magnetic field도 밖으로 밀어내는 성질인 perfect diamagnetism(완전반자성)을 응용한 magnetic levitation train(자기부상열차)를 개발할 수 있는데, magnet 위에 떠서 달리기 때문에 frictional force(마찰력)가 없어서 고속으로 달릴 수 있다. 또한 superconductor는 에너지 손실이 없는 완전한 conductor이기 때문에 electric cable(전선)을 만든다면 막대한 경제적 이익도 기대할 수 있다.

Electric field(전기장) 속에 object(물체)가 들어가면 positive charge(양전하)와 negative charge(음전하)가 electric field의 영향을 받아 polarization(분극화)된다. Polarization과 같은 electric property(전기적 성질)를 유도하는 material을 dielectrics(유전체)라고 하는데, nonconductor(부도체)가 dielectrics에 속한다. Dielectrics는 electrostatic field(정전기장)를 가할 때 electricity polarization(전기분극)은 생기지만 direct current(직류)는 생기지 않게 하는데, 이는 electric field 안에 놓인 dielectric 내부에서 non-polar molecule(무극성 분자)나 polar molecule(극성 분자) 모두 electric dipole moment(전기쌍극자 모멘트)를 형성하여 주위의 electric field를 일정량 offset(상쇄하다)시키기 때문이다.

이러한 phenomenon(현상)을 생성하는 mechanism(메커니즘)은, magnetic substance(자성체)의 magnetization(자기화)과 마찬가지로, electric field의 작용에 의해서 non-polar molecule에서는 molecule(분자) 내의 양-음의 전하가 어긋나고, polar molecule에서는 electric dipole moment의 방향이 가지런해져서 material이 전체적으로 electric dipole moment를 가지게 되고, 이것이 pole plate(극판)에서 condenser(콘덴서)의 electric charge(전하)의 작용을 얼마간 offset하기 때문이라는 것이 밝혀졌다.

Dielectrics가 electric field 안에 놓이면 conductor와는 달리 material 내부를 이동할 수 있는 free electron(자유전자)이 없기 때문에 electric current(전류)는 거의 흐르지 않지만 electricity polarization이 생긴다. Dielectrics에 electric field가 걸리면 dielectrics 내의 positive charge는 electric field의 방향으로 미세하게 이동하고, negative charge

는 electric field와 반대 방향으로 이동한다. Electric charge가 미세하게 분리되면 dielectrics 내의 electric field의 세기를 감소시키는데, dielectrics가 존재하면 다른 electric phenomena(전기현상)도 영향을 받게 된다.

Liquid crystal(액정)은 liquid(액체)와 crystal(결정)의 중간 상태에 있는 material이다. 이러한 material은 molecule의 arrangement(배열)이 어떤 방향으로는 불규칙한 liquid의 state(상태)와 같지만 다른 방향에서는 규칙적인 crystal의 state를 띤다. 그리고 voltage(전압)나 temperature의 변화에 따라 optical property(광학적 성질)를 나타내기도 한다.

보통의 liquid는 molecule의 방향과 배열에 regularity(규칙성)가 없지만, liquid crystal은 어느 정도의 regularity를 가지는 liquid phase(액상)와 비슷하다. Liquid crystal은 double refraction(복굴절)이나 color change(색변화)와 같은 optical property를 가진다. Regularity는 crystal의 성질이고, material의 image(상)는 liquid와 비슷하므로 이 두 가지 성질을 가진 material이라는 뜻에서 liquid crystal이라고 부른다.

Liquid crystal은 molecule의 arrangement 형태에 따라 세 종류로 나뉜다. Axis(축)의 방향만이 가지런한 것은 nematic(네마틱)이라 하며, 방향이 일정한 molecule이 layer(층)를 이루는 경우는 smectic(스멕틱)이라고 한다. 그리고 마지막으로 가지런한 axis를 이루지만 axis의 방향이 변하는 cholesteric(콜레스테릭)이 있다.

초전도

오네스(1853-1926)

초전도는 어떤 물질들이 극저온 상태에서 보이는 특성이다. 초전도의 성질을 보이는 물질에는 주석이나 알루미늄과 같은 금속과 이들의 합금, 일부 반도체들, 그리고 구리와 산소 원자를 함유한 적동석으로 알려진 세라믹 등이 포함된다.

초전도체는 하나의 원소일 수도 있고, 합금일 수도 있으며, 혹은 특정 온도 이하에서 저항 없이 전기를 전도하는 화합물일 수도 있다. 저항은 물질을 통과하여 흐르는 에너지의 손실을 유발하기 때문에 바람직하지 않다.

일단 활기를 띠게 되면, 전류는 초전도 물질의 닫힌 회로 안에서 영원히 흐르게 될 것이다. 이 현상은 자연에서 발견되는 영구적인 운동과 가장 가까운 것이다.

최초의 초전도체는 1911년에 네덜란드의 헤이크 카메를링 오네스에 의해 만들어졌다. 그는 수은을 액화 헬륨에서 냉각시킴으로써 이를 이루어냈다. 오네스는 온도가 절대영도 이상 4K 이하로 내려가자 수은의 전기저항이 갑자기 0으로 떨어지는 것을 발견했다. 이후 납, 알루미늄, 주석, 니오븀, 티타늄과 같은 많은 금속들이 극저온에서 초전도체가 된다는 것이 밝혀지게 되었고, 이러한 금속들은 합금되어 자기공명영상(MRI)에 사용되는 아주 강력한 자석을 만드는 데 쓰이는 전선에 들어간다.

Superconductivity

Superconductivity is a property displayed by certain materials at very low temperatures. Materials found to be superconductive include metals such as tin and aluminum, their alloys, some semiconductors, and certain ceramics known as cuprites which contain copper and oxygen atoms.

A superconductor can be an element, inter-metallic alloy, or a compound that will conduct electricity without resistance below a certain temperature. Resistance is undesirable because it produces losses in the energy flowing through the material.

Once set in motion, electrical current will flow forever in a closed loop of superconducting material. This phenomenon is the closest thing to perpetual motion found in nature.

The first superconductor was made in 1911 by Heike Kamerlingh Onnes in the Netherlands. He achieved this by cooling mercury in liquid helium. When the temperature dropped below about 4K above absolute zero, he saw that the electrical resistance abruptly fell to zero. Since then many other metals have been found to become superconductors at very cold temperatures, like lead, aluminum, tin, and niobium and titanium which are mixed together and drawn into wires to make very strong magnets for magnetic resonance imaging (MRI).

유전체

유전체는 부도체이다. 유전체는 전류를 잘 전도하지 못한다. 유전체가 전기장에 놓이게 되면 실질적으로 전류가 전혀 흐르지 못하는데, 이유는 금속들과 달리 이것들은 물질을 통과하여 이동할 수 있는 느슨하게 묶인 전자들을 전혀 가지고 있지 않기 때문이다. 유전체는 정전기장을 효과적으로 잘 지원한다.

반대로 전하된 두 극 사이의 전류 흐름이 최소로 유지되고, 이때 정전기선이 유입되어 아무런 방해를 받지 않는다면 정전기장은 에너지를 저장할 수 있게 된다. 이러한 성질은 축전기, 특히 라디오 주파수 장치에 유용하게 쓰인다. 라디오 주파수 선 역시 유전체 재료들을 사용한다.

축전기의 유전체들은 세 가지 목적에 이바지한다. 유전체는 축전기의 전도 평판들이 서로 접촉하지 않도록 막는 역할을 하며, 평판들 사이의 간격을 좁혀서 더 높은 정전용량을 만들 수 있게 한다. 이뿐만 아니라, 유전체는 전기장의 힘을 감소시켜 축전기의 실효 정전용량을 증가시킨다. 이것은 낮은 전압에서도 동일한 전하가 발생한다는 것을 뜻한다. 마지막으로 유전체는 높은 전압을 사용하는 작업에서 (공식적으로는 절연파괴로 알려진) 불꽃방전으로 인해 전류가 소진될 확률을 낮춰 준다.

대부분의 유전체들은 고체이다. 어떤 유전체들은 도자기, 운모, 유리, 그리고 플라스틱을 포함한다. 일부 액체와 기체 역시 건조한 공기나 정제된 물과 같이 훌륭한 유전 물질의 역할을 할 수 있다.

액정

액정은 1888년 프리드리히 라이니처라는 오스트리아의 식물학자에 의해 처음 연구되었다. 그는 **cholesteryl benzoate**(콜레스테릴 벤조에이트)라는 물질이 두 개의 다른 융해점을 갖는다는 것을 관찰했다. 라이니처는 실험에서 고체 표본의 온도를 높인 뒤 그 결정체가 흐릿한 액체로 변하는 것을 관찰했다.

Dielectrics

Dielectrics are nonconductors. They are poor conductors of electric current. When dielectrics are placed in an electric field, practically no current flows in them because, unlike metals, they have no loosely bound electrons that may drift through the material. Dielectrics are efficient supporters of electrostatic fields. An electrostatic field can store energy if the flow of current between oppositely charged poles is kept at a minimum, while the electrostatic lines are in flux and are not impeded or interrupted. This property is very useful in capacitors especially at radio frequencies. Radio frequency lines also use dielectric materials.

Dielectrics in capacitors serve three purposes. They keep the conducting plates from coming in contact, allowing for smaller plate separations and therefore higher capacitances. Furthermore, they increase the effective capacitance by reducing the electric field strength, which means the same charge is produced at a lower voltage. Lastly, dielectrics reduce the possibility of a current shorting out by sparking (more formally known as dielectric breakdown) during operation at high voltage.

Most dielectrics are solids. Some dielectrics include porcelain, mica, glass and plastic. Some liquids and gases can serve as good dielectric materials such as dry air and distilled water.

Liquid Crystals

Liquid crystals were first studied in 1888 by an Austrian botanist named Friedrich Reinitzer. He observed that a material known as

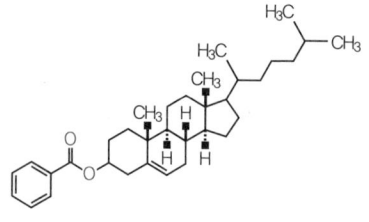

액정 분자인 콜레스테릴 벤조에이트(cholesteryl benzoate)

그가 온도를 더 높이자 그 물질은 다시 선명하고 투명한 액체로 변했다. 라이니처의 실험은 액정이라고 불리는 새로운 상태의 물질을 탄생시켰다.

액정은 액체 상태와 고체 상태 사이에서 부분적으로 배열된(partly ordered) 물질이다. 액정의 분자들은 보통 막대, 접시, 그리고 특정 방향을 따라 일관적으로 배열되는(align collectively) 것을 도와주는 어떤 다른 형태의 모양을 띤다. 액정의 배열은 기계의 힘, 자기의 힘, 또는 전기의 힘에 의해 조작될 수 있다. 액정은 온도에 민감하여 저온에서는 굳어지고 고온에서는 액체 상태가 된다.

액정의 분자들은 어떤 위치의 질서(positional order)도 보이지는 않지만, 어느 정도의 방향적 질서(orientational order)를 가지고 있다. 액정 분자들이 항상 모두 같은 방향을 가리키지는 않는다. 그러나 시간이 지날수록 이 분자들은 다른 분자들보다 같은 방향을 향하려는 경향이 있다. 이 방향을 액정의 방향자라고 한다. 질서의 정도는 액정의 순서 매개변수에 의해 측정된다.

액정 상태는 결정(고체)과 등방성(액체) 상태의 사이에서 관찰되는 독특한 물질의 상태이다. 액정 상태에는 물질의 배열 정도에 따라 많은 유형이 있다. 네마틱 액정 상태는 분자들이 어떠한 위치적 순서를 갖고 있지는 않지만 (방향자를 따라) 같은 방향을 향하려는 경향을 띤다는 특징을 가진다. 스멕틱 상태의 분자들은 네마틱에서는 나타나지 않는 일정 수준의 병진적 순서를 보인다. 스멕틱 액정 상태에서는 분자들이 네마틱과 같은 일반적인 방향 순서도 유지하지만, 아울러 스스로 층층이 배열되려는 경향도 보인다. 운동은 이들 평면 층들 내부로 제한되며, 각각의 층들은 서로를 지나쳐 흐르는 것으로 관찰된다. 증가된 순서는 스멕틱 상태가 네마틱 상태보다 더 '고체와 유사'하다는 것을 의미한다.

콜레스테릭 액정 상태는 일반적으로 비대칭적 중심을 가진 네마틱 분자와

cholesteryl benzoate had two distinct melting points. In his experiments, Reinitzer increased the temperature of a solid sample and watched the crystal change into a hazy liquid. As he increased the temperature further, the material changed again into a clear, transparent liquid. Reinitzer's experiment gave birth to the discovery of a new phase of matter which is called the liquid crystal.

Liquid crystals are partly ordered materials, somewhere between their solid and liquid phases. Their molecules are often shaped like rods, plates or some other form that encourages them to align collectively along a certain direction. The order of liquid crystals can be manipulated with mechanical, magnetic or electric forces. Liquid crystals are temperature sensitive, solidifying at cold temperatures and liquid in warmer temperatures.

The molecules in liquid crystal do not exhibit any positional order, but they do possess a certain degree of orientational order. The molecules do not all point in the same direction at all times. They do however tend to point more in one direction than others over time. This direction is referred to as the director of the liquid crystal. The amount of order is measured by the order parameter of the liquid crystal.

The liquid crystal state is a distinct phase of matter observed between the crystalline (solid) and isotropic (liquid) states. There are many types of liquid crystal states, depending upon the amount of order in the material. The Nematic liquid crystal phase is characterized by molecules that have no positional order but tend to point in the same direction (along the director). Molecules in the Smectic phase show a degree of translational order not

메소제닉 분자들로 이루어져 있는데, 이 비대칭 중심은 분자들 간에 서로 살짝 틀어진 각도로 배열되기를 선호하는 분자들 간의 힘을 생산해낸다. 주상 액정은 긴 막대 모양이 아니라 디스크 모양을 하고 있기 때문에 앞서 말한 다른 액정들과 다르다.

  액정은 과학의 여러 분야에서 널리 사용되고 있다. 액정은 공학이나 제조, 그리고 기술 장비들에 사용된다. 액정 기술이 가장 많이 응용되는 분야는 일부 텔레비전에서 볼 수 있는 액정표시장치(LCD)이다. 이제 막 탐구되기 시작한 액정의 응용 분야가 광학 영상과 녹음 또는 녹화이다.

present in the nematic. In the smectic liquid crystal state, the molecules maintain the general orientational order of nematics, but also tend to align themselves in layers or planes. Motion is limited to within these planes, and separate planes are observed to flow past each other. The increased order means that the smectic state is more "solid-like" than the nematic.

The cholesteric liquid crystal phase is typically composed of nematic, mesogenic molecules containing a chiral center which produces intermolecular forces that favor alignment between molecules at a slight angle to one another. Columnar liquid crystals are different from the previous types because they are shaped like disks instead of long rods.

Liquid Crystals are widely used in many areas of science. They are used in engineering and manufacturing and in some technological devices. The most common application of liquid crystal technology is the liquid crystal display (LCD), found in some televisions. An application of liquid crystals that is only now being explored is optical imaging and recording.

problem solving

문제1 그림은 액정표시장치(LCD)를 나타낸 것으로, 두 편광판 사이에 있는 액정의 배열 방향이 연속적으로 비틀어져 있다. 정답을 모두 고르시오.

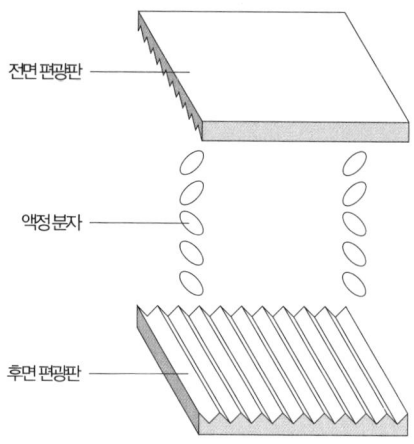

a. 두 편광판 사이의 전압은 0이다.
b. 빛은 두 편광판을 통과할 수 있다.
c. 두 편광판의 편광축 방향은 직각을 이룬다.

➡ 해답 **1.** a, b, c

Example 1 The picture shows a liquid crystal display (LCD), and the arrangement directions of liquid crystal in between two polarizing plates are sequentially twisted. Choose all correct answers.

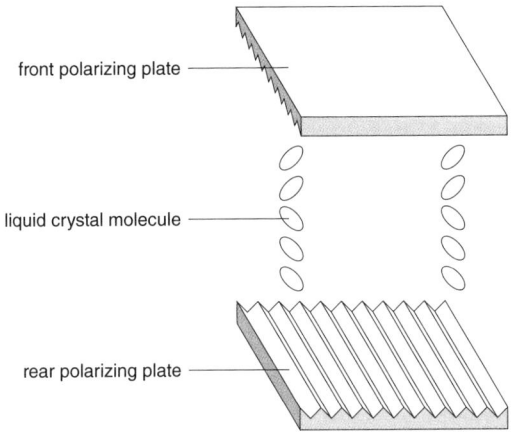

a. The voltage between two polarizing plates is 0.
b. The light is able to pass through two polarizing plates.
c. The direction of polarizing axis of polarizing plates forms a right angle.

rest in physics

Superconductor(초전도체)와 Nobel Prize(노벨상)

과학 실험을 하거나 과학 문제를 풀 때는 resistance(저항)가 0이라는 가정을 많이 하게 된다. Resistance가 0이라는 것은 에너지 손실이 없다는 것을 뜻하기 때문에 사람들은 이것이 현실적으로 불가능한 하나의 가정에 불과하다고 생각했다. 하지만 네덜란드의 과학자인 Heike Kamerlingh Onnes에 의해 이러한 가정은 현실이 될 수 있다는 것이 확인되었다. 그는 liquid helium(액체 헬륨)을 사용하여 mercury(수은)의 temperature를 absolute temperature 4도, 즉 섭씨 영하 269.15도까지 내리는 과정에서, electrical resistance(전기저항)가 완전히 사라지는 현상을 확인했다. Superconductivity를 이용하게 되면 전기 손실이 없는 원거리 송전이 가능하고, 축전지를 쓰지 않고도 전기를 대량으로 저장할 수 있으며, 강력한 magnetic field를 내는 electromagnet(전자석)도 만들 수 있는 만큼, 과학적으로 대단한 발견이 아닐 수 없었다. Onnes는 이 업적으로 1913년 Nobel Prize를 수상하게 된다.

Superconductivity는 꿈의 기술이라고 할 만큼 중요한 발견이었기 때문에, 이에 관한 획기적인 과학적 성과를 내놓은 과학자들은 모두 Nobel Prize를 수상하는 영광을 안게 된다. 미국 일리노이 대학의 세 물리학자 Bardeen(바딘), Cooper(쿠퍼) 그리고 Schrieffer(슈리퍼)는 superconductor의 상태를 quantum mechanics(양자역학)적으로 설명한 BCS 이론을 통해 superconductivity의 원인을 규명했고, 그 공로로 1972년 Nobel Prize를 수상하게 된다. 이론이 확립된 이후 superconductivity를 좀 더 고온에서 구현하는 것이 중요해졌는데, 독일의 Johannes Georg Bednortz(요하네스 게오르크 베트노르츠)와 스위스의 Karl Muller(카를 뮐러)는 1986년에 금속이 아닌 ceramic material(세라믹 재료)을 써서, 기존의 critical temperature(임계온도)보다 훨씬 높은 온도인 absolute temperature 35도에서 super-conductivity를 구현하여 세상을 놀라게 했고 그 결과 1987년 Nobel Prize를 받았다.

Magnetic Resonance Imaging(자기공명영상)의 원리

우리는 몸이 아프면 병원을 찾는다. 그런데 간혹 병원에 가도 어디가 아픈지 정확히 알아내지 못할 때가 있다. 이럴 때면 흔히 MRI라고 불리는 magnetic resonance imaging을 통해 검사를 실시하게 된다. 사람의 신체 내부를 정확하게 보여주는 MRI의 원리는 다음과 같다. Atomic nucleus(원자핵)는 평소에는 rotational motion(회전운동)을 하지만, 강한 magnetic field(자기장)에 놓이면 precession(세차운동)을 하게 된다. precession의 속도는 magnetic field의 세기와 밀접한 관계가 있기 때문에 magnetic field가 셀수록 precession이 빨라진다. 이렇게 magnetized(자기화되다)된 atomic nuclei에 radio frequency(고주파)를 가하면 고에너지 상태가 되었다가, 다시 radio frequency를 끊으면 원래의 상태로 돌아가는데, 이때 방출되는 에너지는 radio frequency와 똑같은 형태로 방출된다. 이렇게 atomic nuclei가 고유하게 방출하는 radio frequency를 안테나로 모아서 컴퓨터로 visualize(영상화하다)한 것이 MRI다. 즉 인체를 구성하는 물질의 자기적 성질을 측정하여 컴퓨터를 통해 visualize하는 기술인데, 이때 magnetic field의 세기를 높이는 데 사용되는 것이 바로 superconductivity이다.

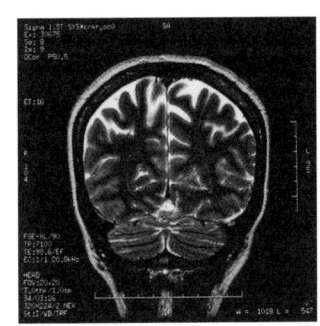

두뇌 MRI 사진

MRI는 X-ray(엑스레이)와는 달리 인체에

무해하고, 3-D visualization(3차원 시각화)이 가능하며, computed tomography(컴퓨터단층촬영: CT)에 비해 해상도가 뛰어나다는 장점이 있다. 그리고 횡단면 촬영만이 가능한 CT와는 달리 관상면과 시상면도 촬영할 수 있고, 필요한 각도의 영상을 검사자가 선택하여 촬영할 수 있다는 장점도 있다. 하지만 이러한 장점에도 불구하고 superconductivity를 유지하는데 비용이 많이 들기 때문에 검사료가 비싸며 촬영시간이 오래 걸린다는 단점도 있다. 향후 superconductivity를 상온에서 구현할 수 있는 시대가 온다면 MRI 비용도 절감될 것이고 우리 몸에 대한 연구와 치료에 많은 도움이 될 것이다.

Wireless charging(무선충전)

Electric vehicle(전기자동차)은 fossil fuel(화석연료)과 gasoline engine(가솔린기관)을 사용하지 않고, battery(전지)와 electric motor(전동기)를 사용하는 자동차를 말한다. Battery에 축적된 electricity로 electric motor를 회전시켜서 자동차를 구동시키는 electric vehicle은 1873년 휘발유 자동차보다 먼저 제작되었으나, 무거운 battery와 오랜 charging(충전) 시간 등의 여러 가지 문제점 때문에 commercialization(상용화)되지 못했다. 그리고 이 같은 문제점들을 극복하는 데 비용이 많이 들고 자동차회사들의 소극적인 자세로 인해 발전이 더디게 진행되었다. 그러나 최근 oil price(유가) 상승과 exhaust gas(배기가스) 규제 강화로 인해 electric vehicle 개발의 속도가 붙었고 시장 규모도 급성장 중이다. 특히 시장 규모가 큰 중국, 미국 그리고 유럽 시장에서 성능이 개선된 electric vehicle이 선보이고 있는데, electric vehicle이 가진 짧은 운행 거리와 긴 charging 시간은 여전히 극복해야 할 문제다.

이 문제점에 대한 대처 방안으로 제시되는 것이 바로 wireless charging이다. Wireless charging은 electric vehicle이 다니는 도로 밑에 electric cable을 매설해 magnetic field를 발생시킨 후 거기서 발생되는

magnetic force(자기력)를 차량이 무선으로 공급받아 이를 electricity로 전환하여 동력원으로 사용하는 기술이다. 비록 도로 밑에 wireless charging infra(무선충전 인프라)를 구축하는 비용이 들겠지만 infrastructure(인프라)만 구축된다면 electric vehicle이 가지고 있는 짧은 운행 거리와 긴 charging 시간이라는 문제를 극복할 수 있다. 그리고 wireless charging 중 발생하는 magnetic field 역시 인체에는 무해한 수준이며, 에너지 효율 또한 90%가 넘어 충분히 commercialization할 수 있다고 한다.

3-D visualization 3차원 시각화

A

absolute temperature 절대온도
absolute time 절대적 시간
acceleration 가속도
acid 산
action 작용
air resistance 공기 저항
alkali 알칼리
alloy 합금
alternating current 교류
alternative energy 대체에너지
aluminum 알루미늄
amorphism 비결정성
amplify 증폭하다
Andromeda Nebula 안드로메다 성운
anode 양극
antimatter 반물질
appearance 외형
aqueous solution 수용액
arrangement 배열
artificial satellite 인공위성
astronomer 천문학자
astronomical observatory 천문대
astronomy 천문학
astrophysics 천체물리학
atom 원자
atomic bomb 원자폭탄
atomic clock 원자시계

atomic nucleus 원자핵
attract 끌어당기다
axis 축

B

bar magnet 막대자석
basic unit 기본 단위
basis 기초
battery 전지
benzene 벤젠
big bang 빅뱅
binary number system 이진법
black hole theory 블랙홀 이론
break system 제동장치

C

caesium-133 atom 세슘-133 원자
capacitor 축전기
cathode 음극
cause 원인
Cepheid variable 세페이드 변광성
ceramic material 세라믹 재료
cesium atomic clock 세슘원자시계
charge-coupled device 전하결합소자
charged body 대전체
charging 충전
chemical assistant 화학실험 조교
chemical change 화학 변화

chemistry 화학
chlorine gas 염소가스
cholesteric 콜레스테릭
circular motion 원운동
classical physics 고전물리학
clock 시계
closed orbit 닫힌 궤도
cobalt 코발트
colloid 콜로이드
color change 색 변화
combination 결합
commercialization 상용화
communications satellite 통신위성
compass 나침반
compound 화합물
computed tomography 컴퓨터단층촬영: CT
concept 개념
condenser 콘덴서
conduction 전도
conduction band 전도대
conductive material 전도성 물질
conductivity 전도성, 전도율
conductor 도체
connection 접합
conservation 보존
conservative force 보존력
constant velocity 등속도
contortion 뒤틀림
coordinate axis 좌표축
coordinate system 좌표계
Coordinated Universal Time 협정세계시
copper 구리
core technology 핵심 기술
cosmic background radiation 우주배경복사

cosmology 우주론
Coulomb's Law 쿨롱의 법칙
critical temperature 임계온도
crystal 결정
curvature 휨, 곡률
curved 휘어진
curvilinear motion 곡선운동

D

datum point 기준점
datum system 기준계
deceleration 감속
degree 정도
density 밀도
deuterium 중수소, 듀테륨
device 소자
dielectrics 유전체
diode 다이오드
direct current 직류
direction of force 힘의 방향
direction of movement 운동의 방향
direction 방향
discharge 방출하다
displacement 변위
distance 거리
distort 왜곡시키다
double refraction 복굴절
dynamics 역학

E

earth 지구
Earth's magnetic field 지구 자기장
eddy current 와전류, 와상전류

elastic potential energy 탄성위치에너지
electric cable 전선
electric charge 전하
electric current 전류
electric dipole moment 전기쌍극자 모멘트
electric discharge 방전
electric energy 전기 에너지
electric field 전기장
electric force 전기력
electric generator 발전기
electric loss 전력 소모
electric motor 전동기
electric phenomena 전기현상
electric potential energy 전기력에 의한 위치에너지
electric property 전기적 성질
electric resistance 전기저항
electric shock 감전
electric signal 전기신호
electric vehicle 전기자동차
electrical conductivity 전기 전도도
electrical conductor 전기의 도체
electrical power 전력
electrical resistance 전기저항
electrically charged 대전되다
electricity polarization 전기분극
electricity 전기
electrodynamics 전기역학
electroluminescence 전기장 발광
electromagnet 전자석
electromagnetic field 전자기장
electromagnetic force 전자기력
electromagnetic induction 전자기유도
electromagnetic radiation 전자기 복사
electromagnetics 전자기학
electron 전자

electronic circuit 전자회로
electronic engineering 전자공학
electronic phenomenon 전자 현상
electronic system 전자장치
electronic visual display 전광판
electrostatic charge 정전하
electrostatic field 정전기장
electrostatic force 정전기력
electrostatic potential energy 정전위에너지
electrostatics 정전기학
element 원소
elementary particle 소립자
elliptical form 타원형
energy 에너지
energy gap 에너지 간격
equation of gravitational field 중력장 방정식
equation of motion 운동방정식
equation 방정식
ether 에테르
Euclidean space 유클리드공간
exhaust gas 배기가스
existence 존재
expand 팽창하다
experiment 실험
external force 외부적 힘
extragalactic astronomy 외부은하 천문학

F

factor 상수
Faraday's law 패러데이의 법칙
Fe 철
ferromagnetic material 강자성체

ferromagnetism 강자성
field 장(場)
field-effect transistor 전기장효과 트랜지스터
filament 필라멘트
flow of electricity 전류, 전기의 흐름
forbidden band 금지대
force 힘
form 형태
formula 공식
fossil fuel 화석연료
four-dimensional 4차원의
free electron 자유전자
friction 마찰
frictional electricity 마찰전기
frictional force 마찰력

G

galaxy 은하
Galilean relativity 갈릴레이 상대론
Galvanic circuit 갈바니 회로
gas 기체
gasoline engine 가솔린기관
gauge theory 게이지이론
General Conference on Weights and Measures 국제도량형총회
general theory of relativity 일반상대성이론
generator 발전기
geocentric theory 지구중심설, 천동설
geomagnetic field 지구 자기장
geometry 기하학
germanium diode 게르마늄 다이오드
grand unification theory 대통일이론
gravitation 중력, 인력

gravitation factor 중력상수
gravitational force 중력
gravitational mass 중력질량
gravitational potential energy 중력위치에너지
gravity 중력
gravity field 중력장
Greenwich Mean Time 그리니치 표준시

H

heat release 열 발생
heat 열
heavenly body 천체
height 높이
heliocentric theory 태양중심설, 지동설
helium 헬륨
high density 고밀도
high temperature superconductor 고온 초전도체
high temperature 고온
horseshoe magnet 말굽자석
hour 시간
hourglass 모래시계
Hubble space telescope 허블우주망원경
hydrogen bomb 수소폭탄
hypothesis 가설

I

impurities 불순물
incandescent light 백열광
indicator lamp 지시등
industrial robot 산업용 로봇
inertia 관성

inertial force 관성력
inertial mass 관성질량
inertial system 관성계
infinite 무한한
infinitesimal calculus 미적분
infinitesimal calculus 미적분, 미적분학
infrared light 적외선
insulator 절연체
integrated circuit device 집적회로 소자
integrated circuit 집적회로
integration 집적
interaction 상호작용
International Meridian Conference
   국제자오선회의
interstellar medium 성간물질
inverse proportion 반비례
ion 이온
iron 철
isochronism 진자의 등시성

J

junction transistor 접합형 트랜지스터

K

Kepler's laws of planetary motion 케
   플러의 행성운동법칙
kinetic energy 운동에너지
kinetics 동역학

L

laboratory 실험실

law 법칙
law of acceleration 가속도의 법칙
law of action and reaction 작용반작용
   의 법칙
law of conservation of energy 에너지
   보존법칙
law of conservation of mass 질량보존
   의 법칙
law of ellipses 타원궤도의 법칙
law of equal areas 면적속도 일정의 법칙
law of harmonies 조화의 법칙
law of inertia 관성의 법칙
law of motion 운동의 법칙
law of universal gravitation 만유인력
   의 법칙
laws of electrolysis 전기분해의 법칙
laws of physics 물리법칙
layer 층
LED 발광다이오드
length 길이
Leyden jar 라이덴 병
light 빛
light bulb 전구
light curve of a star 별빛의 휨
light emitting diode 발광 다이오드
light energy 빛 에너지
line of magnetic force 자기력선
liquefy 액화시키다
liquid 액체
liquid crystal 액정
liquid helium 액체 헬륨
liquid phase 액상
liquid state 액체 상태
location 위치
locus 궤적
logical deduction 논리적 추론
longitude 경도

loop electric current 원형 전류
luminous device 발광장치

M

macroscopic 거시적
magic stone 마법의 돌
magnet 자석
magnetic field 자기장
magnetic force 자기력
magnetic levitation train 자기부상열차
magnetic material 자성체
magnetic needle 자침
magnetic pole 자기극
magnetic resonance imaging 자기공명
 영상
magnetic substance 자성체
magnetism 자기, 자성
magnetization 자기화
magnetized 자기화되다
magnetostatics 정자기학
magnitude of force 힘의 크기
mass 질량
material 물질
material 재료, 소재
mathematical method 수학적 방법
mathematical physics 수리물리학
mathematical proof 수학적 증명
mathematical theory 수학적 이론
mathematician 수학자
mathematics 수학
mathematization 수식화
matter 물질
Maxwell's equations 맥스웰 방정식
Maxwell-Boltzmann distribution 맥스
 웰-볼츠만 분포

mean solar time 평균태양시
mean velocity 평균속도
mechanical energy 역학적 에너지
mechanical 기계적인
mechanism 메커니즘
medium 매개체
mercury 수은
meridian 자오선
metal 금속
metallic element 금속원소
microscopic 미시적
milky way 우리 은하
Minkowski's space-time 민코프스키 시
 공간
minute 분
mixture 혼합물
modern physics 현대물리학
modern science 근대과학
molecular movement 분자운동
molecule 분자
momentum 운동량
motion 운동
motor 전동기
movement 운동
multiplication 곱

N

natural law 자연법칙
natural phenomenon 자연현상
natural science 자연과학
natural world 자연계
negative charge 음전하
negative pole 음극
nematic 네마틱
new material 신소재

Newton's law of motion 뉴턴의 운동법칙
Newton's law of universal gravitation 뉴턴의 만유인력의 법칙
Newton's laws of motion 뉴턴의 운동법칙
Newtonian dynamics 뉴턴 역학
nickel 니켈
nonconductor 부도체
non-polar molecule 무극성 분자
north pole 엔극
nuclear fission 핵분열
nuclear force 핵력
nuclear fusion 핵융합
nuclear power generation 원자력 발전
nuclear power 원자력
nucleosynthesis 핵합성
nucleus 원자핵
number theory 정수론

O

object 물체
objective 객관적인
observation 관측
observer 관측자
offset 상쇄하다
Ohm's law 옴의 법칙
open orbit 열린 궤도
optical property 광학적 성질
optical 광학적
orbit of revolution 공전궤도
orbit 궤도
orbital electron 궤도전자

P

parabola 포물선
parameter 매개변수
particle 입자
pendulum clock 진자시계
pendulum 진자
perfect diamagnetism 완전반자성
perihelion precession of Mercury 수성의 근일점 이동
periodic motion 주기운동
periodically 주기적으로
permanent magnet 영구자석
phenomenological fact 현상학적 사실
phenomenon 현상
physical action 물리적 작용
physical meaning 물리적 의미
physical phenomenon 물리적 현상
physical principle 물리법칙
physical quantity 물리량
physical theory 물리 이론
physical time 물리적 시간
physical unit 물리 단위
physically 물리적으로
physicist 물리학자
physics 물리학
physiological condition 생리 조건
physiological time 생리적 시간
planet 행성
planetary motion 행성의 운동
planetary orbit 행성의 궤도
plasma 플라즈마
plutonium 플루토늄
p-n junction 피엔접합
polar molecule 극성 분자
polarity 극성

polarization 분극화
pole plate 극판
position 위치
positive charge 양전하
positive pole 양극
potential difference 전위차
potential energy 위치에너지
power station 발전소
precession 세차운동
prime meridian 본초자오선
principle of constancy of lightspeed
  광속도 불변의 원리
principle of equivalence 등가원리
principle of relativity 상대성원리
principle 원리, 원칙
proportion 비례
proportional factor 비례상수
proposition 명제
psychological time 심리적 시간
pulse 진동, 맥박
pulsimeter 맥박계
pure substance 순물질
pure water 순수한 물

Q

quality 질
quantity 양
quantum mechanics 양자역학

R

radar 레이더
radiant energy 복사에너지
radiation accident 방사능 사고

radiation leak 방사능 누출
radio frequency 고주파
reaction 반작용
reasoning 추론
rectification 정류작용
regular arrangement 규칙적 배열
regularity 규칙성
relative time 상대적 시간
relativity 상대성
reliability 신뢰성
repel 밀어내다
repulsive force 반발력
resistance 저항
resultant force 합력
Riemann space 리만공간
rocket 로켓
room temperature 실온
rotary motion 회전운동
rotation 자전
rotational motion 회전운동
rotational speed 자전 속도
Royal Observatory, Greenwich 그리니
  치 천문대
rubber 고무
rubbing 마찰

S

salt 염
science 과학
scientific law 과학 법칙
scientific technology 과학 기술
scientific truth 과학적 진리
second 초
semiconductor diode 반도체 다이오드
semiconductor 반도체

silicon diode 실리콘 다이오드
silver 은
size 크기
smectic 스멕틱
solar battery 태양전지
solar eclipse 일식
solar system 태양계
solid 고체
sound energy 음에너지
sound 소리
south pole 에스극
space 공간, 우주
space-time 시공간
special theory of relativity 특수상대성이론
speed 속력
speed of light 광속, 빛의 속도
spring 용수철, 태엽
square 제곱
standard 기준
star 별
state 상태
state of motion 운동 상태
static electricity 정전기
static space concept 정적 우주 개념
statistical dynamics 통계역학
steady state universe theory 정상우주론
straight line 직선
strong nuclear force 강력, 강한 핵력
structure 구조
sum 합
sun 태양
sundial 해시계
superconducting state 초전도 상태
superconducting transition temperature 초전도 전이온도

superconductivity 초전도
Superconductor 초전도체
switch 전환하다
system 계

T

tangent 접선
temperature 온도
temporary magnet 일시자석
terminal construction 단자 구조
theory 이론
theory of expanding universe 팽창우주설
theory of relativity 상대성이론
thermal conductor 열의 도체
thermal energy 열에너지
thermoelectron emission device 열전자 방출 소자
three-dimensional space 3차원 공간
time 시간
time travel 시간 여행
time dilation 시간지연
transistor 트랜지스터
transition temperature 전이온도
translation 병진운동
trial and error 시행착오
two-pole vacuum tube 2극진공관

U

unified field theory 통일장이론
uniform motion 등속운동
unit distance 단위 거리
unit mass 단위질량

universal gravitation 만유인력
universe 우주
uranium 우라늄

V

vacuum tube 진공관
vacuum tube diode 진공관 다이오드
value 값
velocity 속도
velocity distribution 속도분포
visible light 가시광선
visualize 영상화하다
voltage regulator diode 정전압다이오드
voltage 전압

W

water clock 물시계
water 물
wave 파동
wavelength 파장
Wb 웨버

weak nuclear force 약력, 약한 핵력
Wiedemann-Franz's law 비데만-프란츠의 법칙
wire 전선
wireless charging 무선충전
wireless transmission 무선송신
wood 나무

X

x-axis 가로축
X-ray 엑스레이

Y

y-axis 세로축

Z

z-axis 높이축
zener diode 제너 다이오드
Zeno's paradoxes 제논의 역설